马尚龙 著

上海路数

题马尚龙上海路数

马振骋（翻译家）：

近三十年前，我结识了一位本家兄弟马尚龙，那时他是《海上文坛》编辑。我叫他小马，他叫我老马。如今大家老了近三分之一世纪，这个称呼青春常驻，没有变过。

小马非常适合当编辑，他善于识别各种风格的文章，嗅觉灵敏，点子多，他策划的主题，日后有许多成为其他人的专题节目。他自己的专著先后出版的有"杂文系列""上海系列""随笔系列"，都成为畅销书。尤其是"上海系列"，则是小马找到了最能发挥自己特长的舞台。内容与文风都非常上海，同时又让人感到强烈的个人风格。语言幽默辛辣，视野开阔，那些苦恼人的笑，有触动大众的灵魂。可以说，欲知大上海的千姿百态，马尚龙的这些文章则是"必读系列"。

俞立中（上海纽约大学校长）：

"路数"实在是上海腔十足的表述，看到这个书名就有一睹为快的冲动。生在上海，长在上海，在海派文化中泡大，但我们很少去归纳什么是海派文化元素，更少去思考海派文化是怎么形成的。

俗话说："一方水土养一方人"。一个地域的人群一定会有一些共性的，而又显得独特的思维方式和行为方式，也许这就是"路数"吧。《上海路数》一书中那些熟悉的人和事，会引发我们对海派文化的深度思考和认识，从中看到多元文化共存的包容，不同群体相处的规则。

曹景行（媒体人）：

什么叫上海路数，老上海也未必讲得清爽，但一定晓得不懂上海路数就是"拎勿清"。像台湾龙应台女士乱捧"上海男人",讲得再好听还是"拎勿清",阿拉格种上海男人只好苦笑。

上海路数也是"与时俱进"的。但不管是四九年前的老上海,后来的红色上海,还是这四十年变出来的魔都上海,上海路数就是鱼龙混杂下的一种摩登进取又懂适应妥协的生存之道。

不同阶层又有自己的上海路数,但一定不会"土"。大上海其实不怕土,刚来上海谁不土?上海会用自己的路数改变你。除非有人非要把土兮兮的一套硬塞进来,一定闹笑话。

老上海不一定熟悉上海每个角落,马尚龙兄写到的许多地方,我最熟悉的只有长乐路。跟着他的文字故地重游一趟,发觉那一带不管怎么变,仍然是我熟悉而喜欢的上海味道、上海路数,不像一里路外的土不拉叽"新天地"。

王丽萍(中国电视艺术家协会副主席):

马老师的《上海路数》像一道光,引领你进入智慧、明亮的天地,如此幽默,有趣;如此天真,醇厚;多年读马老师的书,我从中了解上海,接近上海,并且受益匪浅。好的书,温暖的书,给人力量的书,谢谢马老师开动"马"力,为我们带来动力,美好的人生需要这样干净纯粹的书。那么,顺着好奇心,慢慢读懂《上海路数》,读懂生活真谛。

高博文(上海评弹团团长):

很高兴马尚龙老师又有新著要问世了。马老师是我非常喜爱的一位散文作家,更是我十分钦佩的一位上海城市文化的研究者和传播者。无论历史、建筑、人文、艺术等,马老师都在他的著作中有详尽生动的阐述。不可否认的是,我绝对是马老师的忠实粉丝!数年前还未与他认识,以至于他近在咫尺时,因为好多读者拥着他签字、照相,我拿着他的书竟然没法挤进去签上名。后来与马老师认识了,才感受到他之所以能写好上海,因为他就是个谦和、包容、细致、睿智的人,上海这座城市的活力和魅力在他的心里,在他的生命中……

代序：上海马路养育了上海路数

路数是什么？又何以和"清爽"或者"不清爽"搭界？

我曾经和上海籍男女讨论这个话题，其实连说都是多余，因为每一个人心里都意会路数是什么，路数为什么要清爽。我也曾经和非上海籍男女说路数，在某一次黄土高坡的讲座上，为了"路数"两个字，我越来越讲不清楚，真是难以言传。最后我只能如此解嘲：中国许多地方开门见山，上海没有山，却是开门见路——到了上海第一件事情，就是要去数路，因为上海马路太多了；路，数清楚了，路数，也就清楚了。路数只有在有很多路并且纵横交错的城市才讲得清楚，在黄土高坡多山少路甚至无路，只有山歌，路数太陌生了。

直至有一天，路数在马路很多的上海，也会讲不清楚了。如果这种讲不清楚，只是各不相干的理念倒也罢了，偏偏有时候，你觉得你路数很清爽，却被迫屈服、让位于一种你觉得不清爽的路数，你又如何坚持你的路数？

某天，一家排名世界500强的国企大公司，暂且就称其为DH公司吧，邀请我去讲座，讲讲上海的海派文化和公序良俗。我去了。我算得上是一个很守时的人，提前半小时就到达了，见到了很高级别的公司干部，也在后台瞥见了台下的听众，清一色的深色西服，并且戴了领带。刚刚和领导干部寒暄几句，却有司仪来告知讲座马上开始了，要我准备上台。时间怎么这么快？我都还没有来得及去一下洗手间。看一下报告厅墙上的时钟，真是只有 5 分钟了，再抬腕看表，怎么手表慢了 15 分钟？不可能啊！

看我手忙脚乱并且狐疑，司仪悄悄告诉我，我们这里是 DH 时间，快了 15 分钟，这是我们 DH 公司的规定。我再细看墙上的液晶时钟，"DH 时间"明白无误，是我没有看清楚它的意思。

那天我在讲坛上高谈阔论海派文化、上海文明文化的由来，座中也是反响热烈，但是我心里明白，面对着"DH 时间"，我的"大上海"，一点也大不起来。

讲座之后，我和接送我的 DH 公司驾驶员一路聊天，聊的主题恰恰是"DH 时间"。驾驶员是上海籍的中年人。他说，DH 时间是他们大领导提出来的，希望公司全体员工都要走在时间前面，每天提早 15 分钟到岗，就能够提早 15 分钟开始工作。驾驶员朋友猜我与他们大领导也没什么密切交集，便调侃大领导了：阿拉国家的时间是北京时间，大领导搞一个 DH 时间，好像要犯政治错误是哦？我问，那么你们下午下班也提早 15 分钟？驾驶员朋友用沪语说了句粗话："册那！下班不早放。"虽然是粗话，但是他表情还是笑嘻嘻的。我有些不解，那不是每天多工作了 15 分钟？驾驶员说，实际上伊是违反劳动法的。我又问，每天早到 15 分钟，是不是就提早工作 15 分钟？"啥人睬伊？大家装装样子，给大领导一点面子就好嘞。"驾驶员朋友以这么一句话结束了"DH 时间"的话题讨论："不要看大领导跑过交关国家，归根结底是外地人，路数不清！"

路数不清！这是一句上海的俚语，流行了好几十年，但是第一次听到一个上海人将路数上升到地域文化的高度。虽然语气有些不屑，甚至有失文明，但是他将上海籍人与非上海籍人的生活理念划分得非常鲜活。

由此,我也想到了我本人供职单位类似的传奇。多年前,有网络巨鳄SD公司决计做强文化产业,斥资几百万元来经营我供职的单位。来了一个三十来岁的总经理,也创造性地将北京时间改为SD时间。他指示将考勤计时钟拨慢3分钟,也即原来的9点上班变成9点03分上班,似乎很有人情味,因为迟到3分钟之内就不迟到了。问题是——不用猜,下班也顺延3分钟。很多员工本来就没有迟到的陋习,并且还会早到十分钟,给自己留下时间的余地。在上海,几十年上班从不迟到算得上是一个习惯性的传统。由于总经理推行了推迟3分钟上下班的新政,原来的员工没有捞到晚3分钟上班的福利,却交上了晚3分钟下班的厄运。有一个元老级的员工说,晚3分钟下班,就遇到下班高峰,堵车加剧,回到家里足足晚了30分钟。幸好,那一个新政,连同那一个SD公司,都早已经从我的视线里消失。那一个推行新政的总经理,虽然有游学的背景,却也是操着一口浓重家乡口音的普通话。

那一位DH公司驾驶员关于"路数"的一番高论,一下子让我联想起来,两个都有国际文化背景的公司,为什么都喜好改变时间?为什么上海人都普遍地抵触?

路数不一样。上海有上海的路数。如今上海人在上海生活,却要放弃原来的上海路数,去遵从新的路数,而这些新的路数,虽然也发生在上海,却不是上海人在制定,这路数就不清了。

没有谁会质疑"一方水土养一方人"这个经典话题,这个命题的意思是,一方水土能够养活这一方水土的人,但是恐怕没有谁逆向推理过,这一方水土,其实也只能养活这一方人,是养不活其他水土的人的。每一方水土都是有个性的,一方有个性的水土和另一方有个性的水土是很难融合在一起的。有如上海长江著名的三夹水——东海、长江和黄浦江,一起流,却流不到一起,轮船开过,都可以清晰地看清三种颜色的水。

这就是地域文化的生命力和魅力——如果地域间没有文化的冲突,没有文化的区别,那就没有了地域文化本身。只是地域文化之间的冲突,并不像三夹水那么壮观与传奇,而是无法适应。

上海的路数,是上海人的行为方式,是在上海的生活节奏中弹唱出来,是在上海的市井气韵中蔓延开来,是在上海的公序良俗中觉悟过来。其他地域自然也有自己的行为方式,那是其他地域的水土了。在上海,这种水土的名字叫作路数。因为是在上海,所以路数也带上了上海的特殊印记,是其他地域无法比拟的。不管是在官场还是商圈,不管是居江湖还是宅家庭,不管是在老洋房还是石库门,不管是大教授还是小市民,最无形且是最高级的行为准则,恰是"路数"两字。哪怕是情意绵绵或者剑拔弩张,是否讲路数也是评判的重要依据。

在上海,路数无处不在,无处不讲,却是难以解释,更难以捕捉。路数不是那么容易懂,不是每个人的路数都清楚的。

目 录

路·道

八小时以内和以外的关系……3

路数是上海人的行能力……8

苦恼时代的笑……15

上海人长得有点像……19

学生意，学的不是生意……24

公寓房子是红领巾大队长的"摇篮"……30

租界文化不啻"继母"文化……34

先做小赤佬，再做大老板……39

从"乡下人"进化到"上海人"……44

上海人活法……49

上海女人头脑……51

好好爱，上海……54

适宜两个字……56

有北漂，没有海漂……59

"新"上海人和上海人的楚河汉界……63

男子汉的定义……67

能量守恒的面子工程……73

后手棋自有后手的杀招……77

逍遥派常常是三脚猫……80

上海男人之"男"……83

路·痕

"繁花"之外的繁花 ……89

大世界,连接市井和娱乐休闲的桥头堡 ……103

东宫红娘舞天鹅 ……106

万体馆生于"万"时代 ……111

上海的"克里姆林宫"……116

飞地大丰的上海印记 ……121

十里洋场的"废墟"拾荒者 ……128

思南公馆的 to be or not to be ……132

重庆南路当当声远 ……136

卢家湾水塔,儿时的"东方明珠"……141

光明村还有侬不晓得的事体 ……147

感情跟着记忆走 ……151

喇叭口的"咒语"……154

老虎窗像是在"垂帘听政"……159

且说市井之"长乐"……164

新场风味,有味还有风 ……168

下水道的味道 ……172

镇仓之宝在脚下 ……175

大场与大肠 ……178

和平村的和与平 ……181

香港上海真感应 ……184

路·影

"狮子王"的领地意识 ……199

"大驱之父"很普通 ……205

修潜艇的林则徐之后林华卿 ……209

在钢板上"绣花"的八零后 ……215

小梁,阿姐——梁慧丽 ……221

一条公交线的自白:我就是景观 ……227

崇洋崇到了脚 ……232

骑老坦克的贵族 ……236

一生空守小洋楼 ……241

90年代上海人谈恋爱的招数和把戏 ……245

百岁主编百岁宴 ……254

大哥,你好吗? ……257

烤菜上了台面 ……261

争气和争气的人 ……264

母亲的谚语 ……267

我的站台 ……271

路・道

八小时以内和以外的关系

上海人对时间的遵从和计较，不是现在才有，是很有年头的历史了。

20世纪的五六十年代，上海曾经诞生过一系列反映上海新社会、号称"红色经典"的电影戏剧，比如《霓虹灯下的哨兵》《海港》《年青的一代》之类；它们的共同基调除了"红色"意义之外，还有专属于上海的另类小调：都有一个小资产阶级思想的落后青年，他们的理想是虚幻的，生活方式是资产阶级的，生活态度是好逸恶劳的，以至被敌人蒙蔽利诱。《霓虹灯下的哨兵》中的童阿男，《海港》中的韩小强，《年青的一代》中的林育生……称之为上海的另类小调，因为这样的小调，很集中，却也很自然很和谐地在上海找到生活共鸣，很难在其他地域的电影戏剧中感受得到。似乎所有的人都有一个约定俗成的共识：上海是"小资产阶级思想意识"的温床。当时的创作者一定是秉承了上级宣传部门的指令，要唤起青年一代对上海滩十里洋场的憎恶和对南京路香花毒草的识别能力。社会经历了天翻地覆的变迁之后，再去做一番回眸定义，被批判的小资产阶级思想及其温床，不乏上海的城市精神，更不乏上海人的生活要义。

最有代表意义的莫过于《海港》中韩小强的一句告白。韩小强初中毕业，当了一个码头装卸工，他不安心本职工作，一心想改行做一个海员。韩小强干了八小时，总算下班了，脱下工作服，便是一身时髦打扮,脚蹬一双白跑鞋,下身一条深蓝色裤子,上身一件"海魂衫",外罩浅灰色拉链夹克,他要去看一部反映海员生活的电影《乘风破浪》。一登场就唱了两句:"下班好似马脱缰,海鸥展翅要飞翔。"为了彻查敌人的破坏,领导,其实也就是班组长要求韩小强下班后留下来加班,韩小强不愿意,并且振振有词地甩出一句话:"八小时以外是我的自由。"

"八小时以外是我的自由。"

虽然剧中的韩小强是一个落后青年,在领导的教育下提高了思想觉悟,认识到了"我沾染了资产阶级的坏思想",但是韩小强的座右铭"八小时以外是我的自由",成了很长一段时间上海青年人的流行与追求。以至于当年在造船厂、钢铁厂门口,下班铃刚刚响过,便有一群男青工,骑着"永久13型""凤凰18型"自行车出厂门,敞开了前襟,双铃一扳,就算是伴奏,齐刷刷所唱的,正是"下班好似马脱缰,海鸥展翅要飞翔……"在学习"样板戏"和"斗私批修"的年代,一方面在批判"八小时以外是我的自由"的要害,一方面又在嘀嘀咕咕:这句话错在哪里?难道下了班还没有自由?

这句话当然没错,创刊于改革开放之初的《八小时以外》杂志,这一个刊名,恰是缘于韩小强因为"沾染了资产阶级的坏思想"而产生的落后思想:八小时以外是我的自由。

毋宁说,这就是上海人的路数。"路数"用如今时尚化的词语来解释,就是"理念"。对"八小时以外"这一个命题似乎谁都只看到了一面,而没有看到另一面,只看到了八小时以外你不可以管我,管了我我也不做,另一面实际上就沉淀在上海人的心底:八小时以内你不管我我也要做的,因为我是不自由的。"下班好似马脱缰"的要义不仅在于下了班马应该脱缰,也在于上班就把马缰绳老老实实地交给工作。上班就是上班,是做生活,认认真真,听从服从,不偷懒,不马虎;下班就是下班,是休息,是个人自由;上班和下班之间有一条明确的界线,如同象棋棋盘上的楚河汉界。直至当下,在各类公司打工的小白领,大多要加班,但是态度不同,上海小白领不想加班,因为加了班就没有了自己的时间,所以宁愿在上班时把事情抓紧做完;相比之下,非上海籍小白领不反对加班,因为不加班也没有什么事情,况且加班还有加班费。所以晚下班3分钟,对于下了班要加班的非上海籍员工来讲,是福利,况且,自己租的房子条件没公司好。

二十多年前,主持人王刚到上海录制一档谈话节目,请来了上海的文化大咖。万事俱备,突然摄像机出了故障,节目组摄像师怎么也弄不好。那时候摄像机属于"控购"(控制购买)产品,非常稀缺,不像现在手机都可以摄像,摄像机坏了,那就是不能录节目了。王刚只好向上海电视台领导求助,上海电视台领导也没有权限出借摄像机,只是答应派一个师傅来修修看。

上海电视台派来的师傅来了,言语不多,看了看看了看,过一会儿排除了故障,终于可以录节目了。王刚很是佩服和感谢,当即表示要请上海师傅吃晚饭,没料到这位上海师傅谢绝了王刚的美意。王刚以为上海师傅是客气,再请:"您一定要留下来,我们节目时间不长,文化界老师人都特别好。"上海师傅说:"对不起,我一定要走的,今天老婆上中班,女儿5点钟放学,我要回去烧晚饭的。"王刚说:"让你女儿买肯德基或者麦当劳吧。"上海师傅仍旧执意要走,王刚只得放行。且不说王刚以一个名人的身份约请一个蓝领师傅遭到拒绝，会有刹那间的不适应，更重要的是王刚从一个北方男人的角度来看，一个上海男人连在外面吃一顿晚饭都请不出假，而请不出假的唯一理由就是要回家烧饭，未免太顾家了一点，未免太"上海小男人"了。不妨说，这也正是北方人和上海人生活路数的差异。

两种路数导致两种生活态度。

上海人不仅讲究路数，还讲究路数清爽，"清爽"也就是事情与事情之间、人与人之间、作与息之间，一切都是清晰可辨。

1989年的那几天，和其他一些城市一样，上海城市交通全面瘫痪。当时还没有地铁，这么大的上海，上下班一个单程十几里路是家常便饭，没有了公交车，上海这一座城市等于是做了截肢手术。那几天，许多城市因为交通瘫痪纷纷商店关门工厂停工市场歇业，上海是一个例外。从南京路到淮海路，所有商店照常营业。市百一店失去了往日里庙会式的拥挤，几乎没有顾客，营业员比顾客还多。连小小理发店也是如此，几个剃头师傅准时到了店里，没人来剃头，就"嘎嘎三胡"（沪语，聊天的意思）。直至下午公司领导来电话指示可以提前下班，剃头店才打烊。

有一个剃头师傅，家住杨浦区比五角场还要远的中原小区，上班的理发店在市中心，没有公交车，他走了三个多小时到店里上班，下班后再走三个多小时回家。后来有电视台要采访，暗示剃头师傅要从工人阶级的高度，谈谈认清形势不怕困难坚持上班。这个剃头师傅看到摄像机，一紧张就是说不出豪言壮语，一口苏北腔的上海话，结结巴巴说来说去还是这一句："拿了工资总归要上班的。"

"拿了工资总归要上班的"，可以看作是上海男人对工资契约的遵守，与《海港》中韩小强的名言"八小时以外是我的自由"，恰似上海男人的左脚和右脚，两只脚不会走在一个点上，却是走在一条路上。这一条路，就是路数。无独有偶，90年代初，邓小平视察上海，访问居民小区，那一个小区，恰恰就是中原小区，是一个人口极其密集、以工人为主打群体的小区。再后来，邓小平希望上海人要当领头羊。领头羊的核心价值观，就是带头讲究路数。

后来，王刚反省了自己对那一个"上海小男人"的认知。他告诉朋友，在这一个上海师傅身上，他看到了上海这一座城市崇尚契约精神，既然答应了老婆要回家烧饭陪女儿，那就要兑现自己的承诺。这是什么？这是契约精神。正是因为有契约精神，才会有职业精神，正是因为有职业精神，才会有职业水平，很利索地修复别人修复不了的摄像机。王刚从契约精神的高度来谈论上海，也许那一位师傅并没有那么高深的想法，他想到的仅仅是，一个人路数要清爽。

至于上海人的路数，是一个说不清楚的模糊概念，是一个上海人很容易意会、非上海人不易言传的概念；确切地说，路数不是一个概念，而是具有鲜明的上海男人标识的一种生活态度，也或者可以说是一种生活能力。

路数是上海人的行能力

衣食住行的"行",有关人与环境的沟通,上海人"行"能力的高低就体现在他的路数上。

曾经问过不少人有关"路数"的解释,居然没有一个人能够完整答疑,人人都知道路数是什么,却说不清楚路数是什么。因为路数在生活中像上海的马路,数也数不清。

"格(这)个人路数蛮清爽格",是对某一个人的最高级肯定。比如某个新官上任,一番施政纲领,侃侃而谈,底下的人一边在礼节性地鼓掌,一边已经在议论:格个人路数倒还蛮清爽的;当然也完全可能鼻孔里轻轻一哼:格个人路数一点也不清爽格。路数似乎是思路。

那一位谢绝了王刚请客的上海师傅显示的是另一种路数。北方男人任何时候都可以先斩后奏地去赴约,即使已经回到了家里,接到一个来自酒肉饭桌的电话,也会立即赶过去。上海男人凡是有应酬,一般会事先向家人请假,家人也就可以少准备一个人的饭菜,也算是免了惦念,如果已经回到了家里再要临时去喝酒,自己都会觉得很勉强,因为自己的计划全都打乱了。路数似乎就是计划。

在老式公房公用厨房公用卫生间时代,早晨三五家人家共用一个抽水马桶,常常会有矛盾,相安无事的邻里,实在是一门有关路数的生活艺术。张家两个老人总是五点三刻,李家双职工一定六点十分,王家小学生准时六点半,不会争先恐后,也不会拖拉。报纸甚至称赞过一些楷模邻居：把各家人家的卫生间使用时间抄录下来张贴在卫生间，有利于大家自觉执行，并且这一份使用表也是温情脉脉的，它还有一个括号内的备注：有急事和急用者除外。路数似乎是对公共关系学的心领神会。

乘公交车或者地铁，有人很自觉挤到车厢里面，有人扎堆在车门口，妨碍了别人上车下车，此时很容易听到有人在用上海话嘀咕：乡下人路数不清。路数似乎是上海本地人和外地人有别的习性。

在居住条件紧张的年代，男人"嫁"到了女方的家里，和丈母娘同住，虽然不同于招女婿，地位总是低了一截，但是很多男人委曲求全，不和丈母娘吵架，这一口气一直忍到了丈母娘归西。路数属于战略战术。

杨东平在《城市季风》中归纳了上海人比什么地方都更加严格的礼尚往来潜规则：1. 不无谓地接受人情；2. 欠债要还，而且最好不要拖欠；3. 还礼和受礼的价格基本相等，即等价交换的原则。路数似乎是人情往来的规则。

上海曾经拥有全国独一无二的半两粮票，也由此备受嘲讽挖苦。北方人吃饺子至今还是论斤的，上海人对半两的肉包菜包油条的津津乐道贯穿半个世纪。路数似乎是精明。

一个男人在升迁的当口路数不清，与一个小女人荒腔走板，以至于后院起火，妻子大吵大闹到了男人的公司，男人受到了极大的羞辱；但是男人心里明白，妻子的父亲是一个要紧的人物，于是他动用一切策略危机公关，与妻子重修于好。旁人说他路数也太清爽了。路数似乎也不完全是褒义。

路数清爽，或许还可以用另外一个沪语来做部分的替代：拎得清。"拎"是一种思维过程,也是一种操作程序;"清"是一种思维结晶,也是操作成果。拎,需要的是简洁、明快;清,要求有领悟力和推断力。

不管是男人还是女人,一个成功的人,一定是一个路数清爽的人。

如果一个人路数不清爽、拎不清,那么等待他的是一连串耻辱的代号:戆大、屈西、猪头三、十三点。

这是上海人独特的做人规范与处事标准,是一种独到的生命力的勃发与升华,它是一种对己也对人的游戏规则。

在《现代汉语词典》中,对"路数"是如此解释的:1.路子;2.招数;3.底细。显然这三条解释都不能精准地解释上海人的路数。在《汉英词典》中,路数更是被简单地解释为 way(路,方法)。就此可以得出的结论是,"路数"仅止于上海人的生活态度和生活能力。

上海需要懂路数的人,也只有懂路数的人才能够在上海立足。上海的路数与草原高坡、崇山峻岭的路数迥异。别的地方是开门见山,上海是开门见红绿灯,上海的红绿灯一直以来是全国最密集的,红绿灯代表的是城市的路数;上海城市虽大,但是人与人之间的空间狭小,需要有公共路数的确立和私人路数对公共路数的服从。"信天游"诞生在黄土高坡,那是隔山的男女扯着嗓子喊出来的高八度,吴侬软语缠绵在上海滩,那是弄堂男女生怕隔墙有耳的悄悄话。当上海这一座城市具有全国的唯一性的时候,上海人的路数也一样的唯一。

应该进一步地说,即使是上海人,男人和女人对路数熟稔和陌生是有区别的。在上海,女人的脑子固然要清爽,女人的路数不能太清爽,路数太清爽的女人,一脸的算计,满腹的利害,反而失去了女人的味道。上海男人没有这么一份豁免权。比起其他地域的男人,上海男人因为身处上海更加像一枚多棱镜,需要处置、协调与更多切面的关系。哪怕是在墙上敲一枚钉子,就涉及了与隔壁邻居的关系。

路数清爽的人是用心的人,却不完全是工于心计的人,更多的是对社会法则的遵守,是对人与人生活游戏规则的遵守。一般说来,遵守总是一件被迫的事情,但是对于上海人来说,就像尊敬自己的师傅会转化为来日自己做了师傅被尊敬一样,遵守社会的明法则、潜规则,受益者不仅是别人,有时候就是自己,甚至还会发生传奇的故事,以至于人与人的游戏规则在这么一个城市里,可以经久不衰地传承。

有一位出租车司机,就因为路数清爽改变了自己的命运。虽然已经是多年前的往事,至今还是看得清路数的来龙去脉。

差不多是15年前的往事了。某一天,出租车司机孙宝清在浦东街上兜生意。下班高峰的时候,上来一位乘客坐在后排,吩咐孙宝清去浦西的海鸥饭店。车子开了一会儿进了隧道,乘客忽然叫道:"先生,很抱歉,我出门换了条裤子,皮夹在那条裤子,我身上没钱了,能不能往回开?"——在智能手机诞生之前,出门皮夹子没带要急死人的。孙宝清很简单地拒绝:"这里是隧道,不能掉头,要出了隧道再绕回去。"客人看看手表:"可是我有一个重要的约会,迟到不太好,你有没有办法可以快一点?"见乘客很急,孙宝清当即说:"这样吧,我先送你去海鸥饭店,钞票以后再说好了。""谢谢,太感谢了。"这种事情，孙宝清不是第一次碰到，十几元二十元的，他能帮则帮。

到了海鸥饭店，乘客连声感谢下了车。细心的孙宝清突然想到什么，摇下窗叫道："先生，给你30元乘车券，你晚上回去还是没钱的，可以用它付出租车费，肯定够了。"当时上海还有出租车的乘车券。乘客没有想到眼前的司机心这么好，又这么周到仔细。也是为了表示自己不会食言，乘客递给孙宝清一张名片。孙宝清赶着做生意，随手就把名片放在车的仪表盘前。

车费只需要17元，孙宝清想这个乘客路不熟，晚上回去时，万一车费超过20元怎么办，于是就给了30元，足够他回去。

孙宝清是老实本分的，是善良的，当然他的路数也是清爽的：眼前的乘客谈吐有礼，不像是要故意赖几十块钱的人。上海的出租司机，像孙宝清这样免费为乘客"拉一差"的很多，但是像孙宝清再送人家30元乘车券的很少。出租车司机赚钱不容易，没有大方到送钱的地步。

孙宝清没有把30元放在心上，他不知道他是把30元送到了人家心里。30元的乘车券改变了他的生活。两天后，那一位乘客不仅联系到了孙宝清，而且还问他：是否愿意换一个工作，到银行来开车？原来两天前的乘客是美国纽约银行上海分行行长龚天益，他刚刚到任，还没有配备司机；当孙宝清免费拉了他一趟，还把30元乘车券送给他的时候，行长心里已经有了最好的司机人选。

那时候，上海出租车不拒载不宰客是全国出了名的，即使是第一次到上海的外地人，都敢于坐出租车而不必担心，这与上海的严格管理有关，但是不得不承认，上海的出租车司机，秉承了上海人的血脉,愿意服从管理,一旦形成了游戏规则,上海的出租车司机就会自觉地去遵守。这就是路数。其他城市并没有缺少管理,而且还经常到上海取经学习,只是取回去的是经,而不是活生生的上海人,那些经便显得水土不服,这是路数与人不匹配的缘故。

比起孙宝清凭良心做、凭本事吃饭老实本分的路数,另一个上海人余纯顺称得上了不起。1996年6月——一晃已经过去了二十多年,余纯顺走到了自己生命的最后一站——罗布泊沙漠。这是个死亡地带,几乎没有人曾经走过去。余纯顺要徒步穿越。他走进了罗布泊,不久,就发生了一场沙尘暴,余纯顺悲壮遇难。在此之前,余纯顺已经远离上海,8年徒步行走4万多公里。

上海人是佩服余纯顺的,因为他做了绝大多数上海人想不到更做不到的事情,但是上海人很少羡慕余纯顺,要羡慕还不如羡慕孙宝清,因为孙宝清的生活是绝大多数上海人的生活。开出租的几乎都这么说,孙宝清是好,不过也是额角头碰到天花板,运道好,阿拉就算做了好人,也碰不到外资银行行长,而且还刚刚上任缺司机,没这么巧的。在佩服余纯顺的时候,仅仅是佩服他徒步旅行的勇气,而不是佩服他远离上海远离家,甚至可以说,余纯顺的路数,是受到广泛的非议的。余纯顺想体面地生活,想读书来改变自己的命运,但自学考大学毕业也没人用他,妻子又同他离了婚,自卑到了极点,他想通过非常的徒步行走来证明他作为男人的存在价值,但是直至遇难他也没有为社会创造价值。

曾经有许多媒体评价余纯顺不像上海人。这种评价是出于称颂,称赞他的豪迈,称赞他的血性,称赞他的率性,也不经意地道出了余纯顺与上海这一个城市间的不融合,他不具备,至少是缺少一个上海人的生活路数。

  孙宝清的生活也不如意，如果不是传奇般的经历，他就是开出租车开到退休的人，但是也是对开出租用心的人，他的路数是清爽的。齐家治国平天下，对于芸芸男人来说，治国和平天下和自己不搭界的，只有齐家是自己的能力，是自己的责任，也是自己的幸福。一个男人齐家都做不到，一切都是空话。

苦恼时代的笑

上海是一个给女孩子提供了做灰姑娘可能性的都市。直至今天，上海的这种功能性不仅没有衰退，还更加强劲。女孩子在上海可以通过婚姻改变自己大半生的命运，只要有足够的聪敏，有足够的漂亮，有足够的可爱，当然还要有天赐良机，即使是一个弄堂小姑娘，也会遭遇到白马王子，也会成为一个让人羡慕的上海女人。

只是能否得到天赐良机，不在于小姑娘而在于天。天之良机，一定少而又少，否则也就没有了天的神圣。更多的灰姑娘，空等了一年白马王子，也就又撕去了一页梦幻，最后梦幻撕尽，门当户对地和一个灰男人结了婚。不是官二代，不是富二代，以前是一个亭子间、阁楼，或者是在房间里用大衣橱当作新房的墙，或者似如今，父母早前下岗，靠了自己工资买了既远又小的房，还贷款。

灰姑娘嫁给了灰男人，心中自有一番不甘，却也没有沮丧。她碰不到白马王子是她的命，但是她要把这一个灰男人铸造成为一个白马丈夫，不管这一个男人后来是否成了白马丈夫，灰姑娘相信自己的眼力，相信男人的潜力，相信两个人加起来的合力。

一个家庭的路数开始了。这一个路数便是，凭良心做人，凭本事吃饭。如果说，一个男人在结婚前，他的路数是他的父母和社会教授给他的，那么结婚以后，是他的妻子与他共同策划的。如果是一个聪明的妻子，那么她就是为自己男人路数指点迷津的人。首先男人的母亲感觉到了：儿子一招一式，都是老婆教的。所谓女人的旺夫命、帮夫运，撇开太深奥的周易八卦，是一个女人在自己男人路数上发挥的作用。女人是不需要路数直面环境的，但是女人可以教会自己的男人有关路数的一切。

一个上海男人和一个上海女人最原始的路数教授发生在床上。在曾经的大家庭里，夫妻间的所有举动都在公公婆婆七大姑八大姨众目睽睽之下，男人就在身边，却不能直接言传身教，唯一的精神交流是在晚上上床后，对白天家里的事情仔细复盘商量对策，男人一夜之间考虑得周全了许多。再急躁的脾气，再委屈的事情，到了床上男人也就柔顺了很多。也常有倒过来的时候，女人受了委屈，男人安慰她，而后女人告诉男人应该如何如何。

在上海，女人在男人心里，不仅仅是一个生理的女人和劳动的女人。上海的女人都读书有文化，在1950年以后还都有了工作，有了自己的经济地位，所以，在家庭里就有了话语权。男女平等像是跷跷板的两头，男人地位高了，女人地位就低了，女人地位上升，必然以男人地位下降作为条件。城市和文明的一大显著特点就是提高女人的地位，所以城市男人的地位要比乡村男人低得多。"上海男人怕老婆"可以做出一个新的解释，那就是上海男人会把妻子当一回事情，许多事情需要妻子的出谋划策，最好的出谋划策空间是在床上。

床上沟通路数最大的好处是，有性爱作为背景，这是双方的共同利益，男人女人就显得温顺与迁就；到了路数交流的某一个节点，忽而就演变成了做爱的路数。

后来这样的陋室里走出了诸多的学者、作家、艺术家、董事长、总经理、领导等等有"成功"标签的男人,他们的妻子,被人家说成是有眼光,买了潜力股,没有盼来白马,而是抓住了黑马;"干得好不如嫁得好"又寻找到了一个生动的契机。

夫妻间的路数教授到了七八十年代,一边继续发扬着女人向男人"床"授机宜、出谋划策的优良传统,另一方面增加了新的内容。这一个时代,上海人回首起来倒应该不失温馨。那是一个个体空间几乎为零的时代。也正是在那一个时代,上海人在床上诞生了新的路数,那就是有心做爱爱无声。除了个别的有一小间亭子间作为独立婚房,更多的婚房仅仅是在阳台上,在阁楼上,甚至就是以三夹板为墙、以布帘为墙的房中房,房中房考验着新郎新娘的房中术。

很多年之后,有个先生看到一份时尚生活杂志的一个性生活调查报告,文章写到了做爱叫床和体位的意义,那先生哑然失笑了。因为在婚后很长一段时间里,他和妻子做爱都是无声的,他们的新房设置在一个高不足一米五十的阁楼上,人站不直,连床都不能放,只能睡在榻榻米上,阁楼下是他的父母和他的弟弟妹妹,怎么允许有任何声响的发出。做爱一点不少,声音一点没有,连在阁楼上看黄带都是无声电影。受到黄带内容的刺激,这位先生很想尝试一个姿势,无奈阁楼上站不起来的。好不容易捕获到一个机会,父母亲弟弟妹妹都不在家,小夫妻两个就在大房间里尝试站得起来的体位。刚刚激情澎湃,却有人敲门,是邻居来收公用水电费的,这位先生一边应答一边仓促收场,打开房门还被邻居阿姨责怪了几句:动作哪能嘎慢啦,开扇门也要开嘎许多辰光,侬拉拉做啥啦(沪语:你们在干什么呀)?

像这位先生的做爱环境,几乎是一代上海男男女女的缩影。即使是如此，上海男男女女的性生活照样还是有滋有味，因为大家已经认可了这么一种环境，甚至就将这种如今看来不符合做爱条件的环境认同为社会的习俗。就应该是这样，这就是路数。

好多年之后，这位先生终于有了自己的商品房。刚刚搬进去的一个夜里，男人突然想起了旧房里的尴尬，要和妻子旧梦重温。妻子手一甩：啊呀，十三哎？已经老夫老妻了，老实点好哎啦？身体却顺从了男人。

1980年代，上海电影制片厂拍过一部电影《苦恼人的笑》（杨延晋导演，潘虹、李志舆主演），原本是一部"文革"题材电影，后来这个片名一直被广泛地借用。实际上"苦恼人的笑"更可以看作是上海男男女女的生活态度。认同环境，适应环境，是上海的人生哲学。认同恶劣的环境是谨小慎微，在恶劣的环境中寻找乐趣是聪明。

上海人长得有点像

2014年2月,上海大剧院延续了好几年的新春京剧名家晚会再一次开锣。与往年稍稍不同的是,这一年的晚会还增加了京胡名家京胡独奏。只要略有京剧常识的人都知道,在京剧中京胡的地位极其重要,每一位京剧大师都有自己的"御用琴师",比如梅兰芳的琴师徐兰沅、王少卿、姜凤山,程砚秋的琴师钟世章。当下也有上海的尤继舜和北京的燕守平美称"南尤北燕"。大剧院的那一场演出,尤继舜来了,却是坐着轮椅上场,那一晚上最感动人的一场戏也因之开始。5年之前,尤继舜脑梗半身不遂,也就终结了他的琴师生涯,但是他又是痴迷舞台的人,不愿意错过这么一台京剧晚会。他的学生陈平一,已经是名声显赫的琴师,当晚,也有自己的京胡独奏。为圆老师心愿,陈平一与尤继舜排练了十几天。舞台上尤继舜左手压弦,紧埃坐在他身边的陈平一右手持弓,合演一曲《山坡羊》。两个人合作拉京胡,难度很高,要有配合,还要有心灵的感应。

人们为尤继舜叫好,也为他的学生陈平一喝彩。如果没有对师傅的尊敬,陈平一不必去做如此费神费力的事情,如果不是和师傅有心心相印的默契,也许就不会有如此的珠联璧合。

这样的佳话和美谈,在梨园有很多,甚至有些佳话和美谈,本身也就是梨园的规矩:徒弟尊崇师傅。

开埠一百七十多年以来,上海历来是梨园最看重的码头。因为上海市是大城市,又是一个移民城市,市民有看戏娱乐的生活需求,戏院多，剧种多，唱戏的也同比例的多。所谓上海是中国文化的半壁江山，戏剧繁荣也是打下半壁江山的重臣。

梨园总是由班子组成，有世传，也有拜师学艺。那么多传统戏主要是靠着一代一代口授身传继承下来。在口授身传中，戏留下来了，学生的发扬光大留下来了，梨园尊崇的佳话或者说是规矩，也留下来了。

上海市民生活的需要带来了戏剧的繁荣，谁都想到了；恐怕很少人想到，戏剧繁荣背后所蕴藏的师徒文化，也给上海人的路数设下了伏线，上海人对师傅的尊崇，可以在梨园的师徒文化中找到源头。

在上海，师徒之间不仅仅是一种教与学的关系，也是上海独特的市井民风。上海人的诸多生活态度和行为方式，尤其是上海人独到的路数，往往可以在师徒文化中找到线索。师徒文化和租界文化、公寓文化，合力构成了上海市民文化的三大背景文化。

某次，我和上海评弹团团长高博文聊天。说到拜师学艺，我问高博文，他怎么会拜了好几个师傅的？高博文说，其中有自己的开门师傅，还有些师傅，是因为要说某一个长篇，那就要拜那一个长篇的说书演员为师，不可以自说自话拿前辈的长篇来说的，这是规矩。梨园是要学艺的，学艺是要拜师的，拜师是要讲规矩的，最大的规矩，就是如何做徒弟。

梨园文化何以被嫁接为上海市民文化？因为梨园文化几乎是在上海开埠后直接切入上海市井风俗中的。之后，上海的工业蓬勃发展，成为中国最大的工业城市，师徒文化直接成为上海人的生活元素。在20世纪60年代,上海拥有200万产业工人。工厂需要技术,技术需要学艺,学艺需要拜师,拜师需要讲究规矩。于是,几乎是汲取了梨园师徒文化的全部精华,师徒文化成为上海市民文化的重要模块。从产业工人延伸到上海的文化教育卫生系统,都讲究以老带新,虽然没有明确的拜师仪式,但是尊崇是一样的。

当这么一个社会模块形成后,它不仅成为一种准则,规范着上海人的行为,定型着上海人的性格,同时,很有趣的是,它也塑造着上海人的外形。

多少年前,孙道临在《早春二月》中一袭阴丹士林蓝长衫,迎着初放的桃花,很随意地将围巾向后肩一甩,透射出这一个上海知识分子的英气。这个动作曾经风靡全国,很多年之后,看到陈逸飞在水乡周庄的写生照片,实在是无独有偶,陈逸飞也是围了条围巾,其神态和孙道临何其相似。

有些人虽然人不在上海,却分明和上海人毫无二致,比如作家金庸,比如歌星费玉清,比如导演李安,作家白先勇……说明"上海人"具有符号性的意义和基本轮廓。

从文化名流延伸出去,文化界之外照样摆脱不了上海文化的笼罩,或者说是不自觉地继承了上海文化的精髓。围棋国手常昊,他拜的师傅是聂卫平,棋力上当然受到了聂卫平的提携,但是不要说在性格气质上与师傅迥异,即使在棋风上,也与师傅相左。

再把视线落在上海的市井,落在石库门,落在弄堂,当然会感觉得到知识文化水平和经济基础形成的巨大反差,但是过滤掉知识水平和经济基础,市井的上海人,白白净净、清清爽爽、规规矩矩居多,温顺、谦和、不紧不慢、彬彬有礼居多,不亢不卑、不冷不热居多；即使没有什么知识文化，看上去肚子里也是有点墨水的。和他不熟悉的时候，他不见得很见外，和他熟悉之后，又不见得很见内；远距离的时候不远，近距离的时候不近；要说恨他没脾气，要说爱他不容易。

不妨说，他们就是上海人的基本群像。而这么一种群像，也是江南文化或者说是长江文化汇聚而成，与黄河文化所代言的北方文化迥异。

还是在2005年，赵本山和余秋雨等一些文化界名流在上海出席了《解放日报》的文化论坛造势活动。见面会一开始，赵本山二人转的本色凸显无遗，他起身向在场的所有人深鞠躬说："余秋雨在我心目中是比父亲还值得尊重的人，跟他站在一起讲话，让我很有犯罪感。"赵本山本人也是"父子关系"的受用者，他有五十多个徒弟，徒弟们用"老爸"来称呼他，尽管有些徒弟只比赵本山小五六岁。

在这里也允许我这么一个没有批评资格的人，批评一下当时的主办者。作为一张大报，《解放日报》举办一个论坛当是文化之举，宁可严肃有余，也不可油滑有加，更不可以肉麻当有趣。赵本山这一声"父亲"，也就使得主办者的所有努力都呈现出反向的推进。

余秋雨大概不会当着几百人说，哪一个作家或者艺术家是比他父亲还值得尊敬的人，陈逸飞也不会这么说吧？要一个上海人在公共场合称一个令自己敬佩、而年龄差不多的人比自己的父亲还值得尊敬，即使心里想说，嘴巴里也说不出来；如果真有人这么说了，背后难听话就不绝于耳了。

上海人相似在气质上精神上，这才是上海人的最大公约数。

对于上海女人来说，上海是一所终身制的学校，对于上海男人来说，上海是一个大染缸。不管你是从哪里来上海，经过上海这一个染缸的浸染，便成为同一色系的男人，甚至连色彩都极其相似。借用《霓虹灯下的哨兵》中一句著名台词：是被南京路上的香花毒草熏出来的。

现在回想起来陈逸飞邀请姜文主演《理发师》，实在是一个特大的错误。错就错在了陈逸飞只是认为艺术是相通的，低估了长江文化和黄河文化这一对江河文化的难以兼容，或者可以说是陈逸飞高估了自己的文化渗透能力。解放军足以跨过长江，陈逸飞无法飞越黄河。

前些年我去了浙江前童，那里有当年《理发师》的重要场景——那一个小小的理发室，如今已经是旅游景点了。理发室在小巷深处，走进去，五六个平方。依稀感觉到陈逸飞右手贴着棉大衣暗暗搭在了腹部，肝区隐隐作痛，以至于他没有力气继续完成他的绝作。于是他一脚一脚踩着鹅卵石路，顺着活水的水流，离开了前童。水流依旧很急，小鱼依旧逆水，陈逸飞走得凝重且神色离散。这不是他第一次去，却是他最后一次离开。

倏忽间，又觉得陈逸飞也蛮像《早春二月》的孙道临的。电影中的那一个男人叫萧涧秋。

学生意，学的不是生意

在追溯上海女人气质形成的时候，我把上海开埠之初的洋学堂，也就是教会学校，看作是上海女人生活气质的摇篮。可以这么说，上海女性生活气质的第一个成分，是读书和学识，知书达理；而构成知书达理的要件，便是洋学堂。洋学堂是上海女人的摇篮，是"上海女人"的"酵母"。她们学到了课本上的西洋知识，更多是接受了西方的生活方式——西方女孩子的生活休闲方式。

上海男人的生活气质形成，固然也可以在洋学堂寻找到遗传基因，但是这并不是最关键的。第一代上海男人不是读书读出来的，而是学生意学出来的，做艺徒做出来的。符号式的、标志式的上海男人整体形象，是在工厂里培养出来的，是在洋行里熏陶出来的。上海最早最多的工厂和稍后也甚多的洋行，是上海的男人之所以为上海男人的血脉。

从广义上来说，上海还是男权社会，所以，上海男人的行为方式理所当然地成为上海人的行为方式，上海男人的路数，也理所当然地成为上海人的路数。他们是上海师徒文化的开创者，也是践行者，当然也是享受者和获益者。

第一代的上海人和如今刚刚进入上海打工的农民工没有很大区别。他们大多来自江浙一带，也就是十三四岁的年纪，在乡下读过三四年的私塾，跟着一个堂房的叔叔或者表亲的舅舅到了上海当学徒，或者是到上海投靠开了一家小厂、小店的远房亲眷。谁都想不到的是，而后上海的许多大资本家大老板，叱咤商海风云，左右上海市面，正本清源却是一个乡下来学生意的小赤佬。

既然是学徒就要拜师傅，师傅可能就是带他来上海的亲戚长辈，也可能是做了五年八年的"资深"工人。拜师是要拜的，师傅是仅次于爷娘的长辈。从拜师的第一天起，这个小赤佬就吮吸到了上海这座工业城市的第一口乳汁——论资排辈，这就是规矩。还有就是因为服从论资排辈和规矩所能得到的前途和未来。学徒是做下手干杂活，还要帮老板娘或者师傅抱孩子，生炉子，洗尿布，所有的下三烂家务活都是徒弟的"本职工作"，师傅要你做什么就做什么，绝对没有讨价还价的余地。如果是直接投靠了亲戚，那么这个亲戚也是一生的恩人。这并不是单纯的感恩，单纯的感恩总有一天会褪色会失效。一个学徒在论资排辈中，体会得到的是自己卑贱的身份，遥望得到的是自己光明的未来。

当一个学徒吃了三年"萝卜头饭"满师后，虽然师傅仍旧是师傅，仍旧逢年过节还要孝敬师傅，但是自己做生活已经单飞了，再过三五年，自己也可以收徒弟了，自己也可以像师傅一样接受论资排辈的好处。这么一种师徒关系，一旦成为社会的良性生物链之后，每一个人只有参与其中，才会获得自己的未来而必然的利益。所以一日为师，终身为父，不仅仅是说对待师傅要终身当作父亲一样，也是说，今天你把师傅当父亲，明天你就是别人的父亲。当一种社会法则会使人既约束自己也获得利益的时候，这一个法则就成了道德，甚至就可以倒过来演绎：当一种道德在约束自己的同时也会使自己获得利益，这一项道德就成了法则。

上海从成为中国工业化城市老大的第一天起，就确立了人与人之间的良性社会秩序关系，与农村地主农民间的非良性秩序截然不同。良性的社会秩序关系具有宗教的内涵，它教人勤奋不懒惰、克制不放肆、善良不凶恶、老实不滑头、认真不潦草、谨慎不狂妄、矜持不张扬、规矩不闯祸、尊崇不谋反，每一项努力或者破坏，都有它必然的因果。

这几乎是上海人的专利。

棋圣聂卫平天生一身霸气，大约有过和陈毅下围棋、和邓小平打桥牌的经历，所以在哪里一坐都是威风八面的气场。曾经有一家电视台专赴北京为他做一档访谈节目，镜头中的聂卫平很长时间都是微抬着头、闭着眼睛……闭着眼睛说瞎话吗？那是冤枉了聂卫平，聂卫平早就到了不必说瞎话的境界。他曾经在一本书中写到了自己在美国看脱衣舞。出版社编辑劝他把这一段删掉，不仅因为看脱衣舞不好，而且也因为看脱衣舞是要受到纪律处分的，白纸黑字一写那就是不打自招。在此之前确实有过一位著名作家在美国看脱衣舞而被开除党籍的先例。聂卫平听了哈哈一笑：我就不相信去美国的中国人就我一个人看过脱衣舞；告诉你，在脱衣舞剧场里，中国人至少有一大半，去美国的中国人差不多都看过的；我是看了，我看了说出来，总是要比那些看了不承认的好吧？聂卫平关照出版社编辑：这一段不可以删。

与聂卫平无独有偶的是王朔，他可以很轻松自如地将自己和老徐徐静蕾的故事说出来，可以将徐静蕾给他买房子的事情说出来，甚至还可以将自己嫖娼的事情说出来，口无遮拦，如黄河决堤。

上海作家是说不出来的。上海作家倒也不是省油的灯，风流韵事也不会输给其他地方。这些年私底下也经常风闻某某作家和某某演员某某主持人的情爱故事、风月之事。做归做,说是不会说的,写也不会写的。"打死我也不说",是冯小刚的经典对白,更加符合上海人的性格。

这在于两种地域文化对"克制"的不同的解读,可以解读为上海人胆小,也可以解读为上海人对分寸的拿捏。知所言知所不言,知所为知所不为。

"文革"时,按照工人阶级是革命主力军的理论,按照上海产业工人的人数计算,上海应该产生全中国最声势浩大的工人造反派组织,它的破坏力也应该是全中国最具有毁灭性的。事实上,上海的工人造反派是最软弱的,与这支最软弱的工人造反派相对峙的,是最死心塌地和最愚忠的工人赤卫队。"文革"了,血脉里依旧流淌着师徒关系,造师傅的反是大逆不道的,良性的社会秩序生物链基因还在,以至于造反派的生力军是工厂里的杂务工——因为杂务工是没有师徒关系的,或者是"文革"之前没有经历过正式拜师的青年工人——他们恰恰是读书读不上去而进工厂的。

当然也有做过徒弟的人铁了心要打倒师傅的,也有顺从着潮流加入造反派的,但是最优秀的工人、业务骨干都站在了工人赤卫队一边。更加胆小怕事的号称逍遥派。工人赤卫队要"赤卫"的,恰是上海开埠以来形成的人与人的社会关系以及孕育、供养如此人与人关系的工厂、商店。上海工厂"文革"所遭受的破坏之小,与上海工人之众完全不相称,却又与上海工人之规矩完全吻合。即使是造反派,比之于其他地方的武斗昏天黑地,上海工人造反派更多的是有理造反,而不是造反有理。

师徒关系是如此的重要,以至于看一个人的好,看一个人是否有良心，就看他满师后如何孝敬师傅，尤其是"青出于蓝胜于蓝"之后，如何报恩师傅。而真正的报恩，一定是从细节入手，从低调做起。

如果没有记错的话，在中国有一个运动员，也只有一个，是称自己教练为"师傅"的，这一个运动员是刘翔，他称呼自己的教练孙海平为"阿拉师傅"。刘翔不仅是嘴巴上承袭着上海的师徒文化，也是在行为上践行着上海的师徒文化。

2004年，刘翔在雅典奥运会夺冠，破世界纪录，奖金奖励纷纷。有一个美谈是，他送了一套房子给师傅孙海平，当年上海的房价已经很高。2008年四川汶川大地震，电视台转播公众人物捐款，以激发国人的爱心。除了夫妻档明星，公众人物都是单独捐款，唯一的例外是刘翔和孙海平，师徒俩合捐50万元。有一个电视特写镜头：两个人并排手持一个大信封，上面写了两个人的名字。为什么要合在一起捐？师徒俩捐的钱是同样多吗？同样多就不必合在一起了。若是有高低，谁高谁低？或许旁观者心里也是有自己答案的，倾向于刘翔可能占据了较大的份额。最可贵的是，刘翔本人从未向任何媒体透露这50万元份额的组成。从大工业时代开始的"师徒关系"，在体育界得到了最完美的传承，刘翔对孙海平的"师傅"称谓，可以是为师之道，也可以是为师傅之道，师傅就是师长。

很长一段时间里，上海产业工人的技术传承演化为师徒文化，并且从工厂延伸到整个社会的职场，几乎所有的单位里，都有老带新的传统，不见得叫师傅，但是师承关系是毫无疑问的，感情的投入也是毫无疑问的。

在师徒关系中有一个很奇特的现象。做学徒的，在上海话中大多不叫学徒，而是叫"学生意"或者"做艺徒"，明明和生意是没有关系的，明明也不是学艺的，三年"萝卜头饭"常常就是打打杂做做下手活的，只不过是师傅领进门而已，名称却是非常好听。所谓"学生意"，实际上学的是如何做人，学的是人与人之间的关系，因为生意是人与人的面对面；所谓"做艺徒"，做的不是梨园的弟子，而是手艺，手艺是在上海站得住脚、活得下去的本钱。"凭良心做人，凭本事吃饭"，做人的道理和做生活的道理都是由师傅来传授。这就是师傅对于徒弟的重要性。

上海的师徒文化充分体现了社会的长幼有序，也就是社会的公序良俗。长幼有序是从一个家庭开始的，甚至可以追溯到君臣父子的伦理。长幼有序是尊敬，也是爱护，是良好的秩序。凡是和谐的家庭一定是长幼有序的家庭。社会也是如此。师徒文化不仅仅是道德的约束，尊崇的付出，同时也是有回报的约束和有回报的付出。这才是师徒文化的生命力所在。当师徒文化渗透到上海市井民俗的每一个角落时，它形成了约定俗成的人际关系，并且体现了公序良俗。完全可以这么说，师徒文化是上海人有信仰的人生，信仰未必是很狭义的宗教，但是信仰总是让人执着，让人敬畏，让人看到自己的未来。

师徒关系是人际关系，并非上海所特有，像东北这样的老工业城市，也不缺师徒关系的传承，和上海之比只是多和少的差别，但是在上海和东北两个地域的男人之间几乎找不到共同点。如果说师徒关系构成了上海人的人际关系，那么上海人社会关系的构成，在于租界文化、公寓文化所代表的都市人际关系及社会规则。

公寓房子是红领巾大队长的"摇篮"

"文革"前，如果某一个同学是住在公寓里的，基本上可以判断出这一个同学的各个方面：经济条件好，有礼貌，学习成绩优秀。老师挑选学生干部的视线，往往集中在几幢公寓大楼。小队长，什么房子里的孩子都能当的，到了中队长，尤其是大队长的级别，基本上被公寓房子里的孩子垄断了。公寓里是不会有"野蛮小鬼""皮大王""捣蛋鬼"的。公寓大楼是上海市井生活方式的精神楷模和物质向往，煤卫（煤气和卫生设备）一定要齐全，大卫生（浴缸），小卫生（抽水马桶）一定要有，这不仅意味着住宅的水平，也意味着生活质量。

上世纪60年代，很多家里没有抽水马桶的学生，常常会借着到（公寓大楼）同学家里做功课，就在同学家里完成了大便。以至于到了上山下乡插队落户的年代，上海的一代男青年最为尴尬的、最为发愁的，不是艰苦，而是"进出口公司"的水土不服：不会在炕上盘腿而坐，不会蹲坑，偏偏农村里只有茅坑，一蹲下去脚就发麻，然后引起消化功能紊乱，与北方男青年形成很大的反差，而且也被引为笑柄。直至接受再教育完毕回到上海，"进出口公司"的两大顽疾，依旧没有被再教育好。

如果说大工业的上海是上海人之为"上海人"的胚胎，那么洋行应该是上海人之为"上海人"的营养剂。用当下的词语来演绎，洋行就是外资企业，在洋行工作称作职员，洋行尊卑贵贱更加凸显，洋行职员利益保护也更加完善。任何一个职员都看得明白，这是一个循序渐进的地方，我的上司是靠资历和经验做上司的，他是我的楷模，等到我有了资历和经验之后，我也是别人的上司。虽然没有师徒关系，但是论资排辈的讲究和师徒关系是呼应的。

到了上世纪50年代，洋行的员工划分阶级成分的时候，被划为"职员"，和他们同属一个阶层的是公务员。在中国大陆，再也没有一个地方的职员，像上海这么普遍。他们穿西装，会讲英语；他们不是老板，又不等同于工人，那时候当然没有"白领"一说。除了他们为自己的一个看得到的目标循序渐进之外，职员这一阶层具有上海的特别意义，它代表了城市，代表了城市的知识水平，也代表了中产阶级的倾向，认同而且接近市民生活方式，形成了海派的人格。上海人的主流性格，基本上是职员的性格。

职员阶层也包括了教师、医生、文化人、演员这样的知识人群。

上海特有的职员阶层，形成了上海特有的职员文化。

上海人要面子是闻名全国的，历来有"死要面子活受罪"的说法，虽然道尽了讲究面子和虚荣的酸楚，却也是击中了面子在上海的重要性。职员之间的人际关系常常是面子与面子的关系，即使是最底层的职员，西装革履也是必须的，领带一定是要烫挺括的，皮鞋一定要擦得锃锃亮的。"赤膊戴领带，赤脚穿皮鞋"是穷职员的生活写真。即使在36元万岁、工人阶级领导一切的年代，城市季风依旧回旋。如同作家程乃珊所言：上海男人穿一身蓝布中山装，也掖得笔挺整齐，在任何物资匮乏的年代，上海人仍可以将生活安排出不可思议的精致和乐惠。

一般的职员居住在极其市井的石库门弄堂里,好一点的住进了新式里弄,有了抽水马桶,到了高级职员份上,那就是住在公寓里了。上海的公寓多并且风格各样,与上海的职员阶层有强烈的因果关系。公寓原来就是有别于私产的居住,只是后来职员阶层的突起,成了中产阶层的居住集结式地带,也成了普通市民的向往。

在上海,以淮海中路为主轴和以南京西路为主轴,也包括两条马路周边的马路,矗立了很多老式的公寓房子,都已经有近百年的年份了。20世纪三四十年代,能够入住公寓房子的,是教师、医生、艺术家、洋行职员……他们代表了上海的主流道德观,引领了上海的修养礼仪。由此所诞生的文化,可以称作公寓文化。

当年与公寓文化混为一体的,是租界和租界文化。因为绝大多数的公寓都是在租界里,像法租界的淮海路沿街,一幢接着一幢几乎都是公寓,有培恩公寓、康绥公寓、泰山公寓、飞龙大楼、卜邻公寓……住在公寓,讲究的是不大不小的面子,不远不近的距离,不浓不淡的笑容,不冷不热的感情。

走出公寓,开门就见红绿灯。红绿灯是街道繁荣的表现,也是城市生活规则的表现。越是繁荣的城市,红绿灯越是多,城市生活规则也越是多,人被城市生活规则的约束也越是多。久而久之,上海人虽然不见得都很自觉地服从红绿灯,但是一定会在意红绿灯的存在。于是红绿灯成为上海人的生活符号,学生成绩不及格叫作"开红灯",某人说话不着边际叫作"乱开无轨电车"。一个从小接受红绿灯约束的孩子和一个从小挥鞭策马的孩子,对规则的理解和服从是完全不一样的,由之而生成的生活态度也是不一样的。

即使在上海，市中心城区，也就是所谓的上只角的孩子与边缘城区下只角的孩子，最明显的区别在于，下只角的孩子胆子大，天不怕，地不怕；上只角的孩子懂礼貌，守规矩，不闯祸。所以在以往上海的足球比赛，有公寓大楼的内环线以内区域，一生一世拿不到冠军，冠军一直都被杨浦、普陀、闸北和虹口垄断，足球明星小时候一定是一个闯祸胚，不知道踢碎了多少块窗玻璃。

租界带给上海的烙印，是政治的、精神的、经济的，也是文化的，租界文化是一种灌输式的文化。租界文化是西方文化，它改变了上海女人的某些气质，以至于上海女人成为一种被赞慕的符号；它改变了上海男人的某些气质，以至于上海男人成为一种备受争议的符号。上海人的温良恭俭让可以从当年的租界文化中找到影子，比如公共租界规定买了活鸡，不可以倒提鸡脚，因为鸡会疼的。一只鸡被宰之后，怎么吃都可以，因为它是食物，但是在被宰之前，它还是动物，那就要善待动物——租界文化也是间接地给上海人上了一堂人道文明课。

一只将要被宰的鸡尚且要善待，更何况是对人？文明由人及鸡，再由鸡及人。

上海的家暴相对少一些，尤其绝少看到在马路上一个男人对老婆孩子扬起一巴掌，还一直骂到了老婆的十八代祖宗。上海家庭暴力案件在国内始终处于最低状态，或许是和西方男人一样从对动物的文明反馈到对老婆孩子的文明。而在以养家禽家畜谋生的山区农村，当然是不可能体会到对鸡对鸭的文明的。这也就是为什么上海人在性格气质上的"远同近异"——与远方的欧美相似，与近端的内地迥异。

租界文化不啻"继母"文化

上海男人是追求绅士风度的,也是有资本追求绅士风度的,因为绅士风度最早是在上海软着陆的,而后又成为这个城市成功男人的标尺。城市决定了着装,着装决定了行为语言,行为语言决定了生活态度。比起中国任何一个城市,上海的都市化是最先进的,也是最具有西方色彩的,所以,上海男人更加具有绅士化的同质。上海男人绅士化可以在巴黎伦敦柏林纽约香港台北的男人身上找到。

尤其是,上海历来被称作东方巴黎,在租界文化中给予当下社会影响最深的也是法国文化,上海男人在气质上理当与巴黎男人更加相像。那么,当上海男人常年被讥讽为是小男人的时候,是否有人可以证明,巴黎男人也被叫作巴黎小男人?当然还可以推及伦敦小男人、纽约小男人。既然上海男人的做派来源于灌输式的西方男人的做派,那么灌输式的灌输方,西方男人是否应该是"小男人"的发源地?

找不到任何资料可以证明巴黎男人以及伦敦男人纽约男人"以小为本",灌输式的灌输方和被灌输方,并不形成同质。

租界文化是西方男人的母文化。当巴黎男人伦敦男人很绅士的时候,他们是被自己的社会教育出来的,如同被自己的母亲教育出来,即使被母亲打过骂过,与母文化也有天然的亲近。他们是绅士的,同样也是张扬的、奔放的、率性的。至于上海男人,当他们很绅士的时候,并不来自母文化的呵护式教育,而是被强制性地灌输出来的，甚至就是被迫。他们可以和西方男人有一模一样的行为，却不具有一模一样的心理。他们的绅士做派中，缺少了张扬、奔放、率性，而多了谨慎、矜持、含蓄，并且还有温和、忍让、克制。他们的绅士做派常常是和谨小慎微互相衬托、互相渗透，所以他们一定是很绅士的谨小慎微，也一定是很谨小慎微的绅士。

强制性灌输式的文化教育，类似于以往的"继母"形象。上海男人受到的西方文化教育，像是受到了"继母"的教育。

邓小平曾经希望上海做一个领头羊，曾经许多人都很不理解，为什么不是领头马而是领头羊呢？因为羊是最自觉讲究和服从游戏规则的；马可能被驯服，也可能是脱缰的野马。

租界文化对于上海男人是一把双刃剑。但是同样是租界文化，对于上海女人来说，就看不出有任何被强制性灌输的迹象。谨慎、矜持、含蓄，即使还有温和、忍让、克制……正是构成了上海女人的温婉、端庄、内敛、知书达理，正是构成了上海女人有别于其他地域女人的味道。

杨东平在《城市季风》中一再提到上海人的温和："上海人重秩序，重仪表，即便在炎热的夏天，'正宗'的上海男人依然衣冠楚楚，穿皮鞋和袜；而在装有空调的京沪特快列车上，却能见到赤裸上身喝酒的北京青年。"

温和不仅是脾气，也是仪表仪容的修养，仪表仪容的修养归根结底，是克制，是面子工程。上海是一个最讲究面子的城市。讲究面子不仅仅是自己要面子，也是给对方留面子；给对方留面子又是为了遵守一种潜规则：对方也会给我留面子。在人与人之间，隔了一层温情脉脉的面纱。

1978 年就移居香港的某老先生，算得上是真正的小开。到了香港后恢复了以往的生活方式。老先生好客，经常在香港尽地主之谊，款待来自上海的各界朋友；每一次款待总是安排在香港的海员俱乐部。八九十年代的时候，上海去的客人并不知道俱乐部的含义，以为就是和上海的工人俱乐部差不多的地方，进了俱乐部才觉得自己有所尴尬，主人清一色的西装，上海人清一色的 T 恤。

坐定后，老先生很是和气地问客人，今天晚上的主菜，不知道各位喜欢什么，还有开胃酒是哪一种呢？这个晚上是吃西餐，客人们恍然大悟，却也因为自己外行而一头雾水。看到客人们脸上掠过木讷神情，老先生转而介绍，这里的什么还有什么算是招牌，要不请厨师把他们最拿手的送上来，让我们分别来鉴定一下？顺势给客人解围，一点不让客人尴尬，上海客人纷纷点头：好格好格。后来上海的客人们才知道所谓俱乐部，那就是会员制，属于极其高档的场所，这一个晚上每个人消费不会少。只是老先生摆下了宴席却是不摆谱罢了。

如果说北方男人和上海男人都是骑手的话，那么北方男人善于一骑绝尘，而上海男人擅长做马术高手，讲究栅栏里的艺术。

上海人是马术高手，它的意思是复合的。很多人只是看到了它单纯的意思：上海人只会在规定的栅栏里面活动；很多人没有看到的另一个意思是，上海人在栅栏里面的活动是高手，就像骑手，懂马、懂艺术、懂体育，栅栏里照样可以精湛，栅栏里照样可以轻歌曼舞，栅栏里照样可以英姿逼人。天马足以行空，却奈何不了栅栏。那一个香港的上海老先生，在不经意中给足了上海客人的面子，然后让上海客人在回味中掂量出这一个饭局的档次。

上海人善于将规则推向极致。"君子动口小人动手"常常成为街头吵架的某一方的自辩。其中一方自恃强壮，隔着拦架的人向对方挥拳头示威，弱小的一方知道打不过对方，却也不能认输，便将自己提高到讲道理的"君子"高度，同时也是暗讽对方是只会动拳头的"小人"。有一句老话说，秀才遇到兵，有理说不清，秀才是讲道理的人，兵指的是大字不识的没文化的人。在上海，城市的生活规则是在保护秀才而不是保护兵，所以人与人之间比拼的是道理，比拼的是各自对道理的理解和执行。公寓的道理比较多的是精神的，市井小弄堂石库门的道理是物化的。在许多石库门的公用厨房间，邻里关系紧张的时候，双方拿一把钢卷尺丈量各自的部位，而且还要用粉笔画下来一条"三八线"。这与写字楼里办公桌之间的隔断板是多么的相像。

也不要以为上海人讲道理总是彬彬有礼，在道理的范畴，上海人也经常显得慷慨陈词，上海人是最善于讲道理的，也是最善于找到道理的，这就是为什么上海盛产律师尤其是名律师的原因。名律师一定是由名案奠定基础的。

1993年，"潘苹毁容案"法庭一审宣判李兴华死刑。原来全部憎恶李兴华的社会及民间舆论突然变调，反而同情起李兴华来，觉得死刑过重，毕竟李兴华没有杀人，而且还主动投案自首，甚至连几位著名律师都站在了反对死刑的立场上。李国机律师认为，这起案件毕竟是由恋爱纠纷引起的，判死缓差不多；鲍培伦律师认为，对李兴华这类人如果不处以极刑，有利于促使犯罪分子投案自首；郑传本律师更是快人快语说，致人重伤和致人死亡在量刑上必须有别。

二审就是在这么一种舆论导向下开庭。陶武平律师担任潘苹的代理人。当法庭调查即将结束时，陶武平提出为证实被告人犯罪手段之残忍、后果之严重，请潘苹当庭亮出被毁的面容。只见潘苹慢慢抬起手，轻轻地轻轻地、生怕触痛伤疤，一厘米一厘米地掀起面罩，褪去敷在伤口上的纱布，终于一张满是疮疤的脸暴露在人们面前。旁听席上有人在愤怒，有人在哭泣。李兴华慢慢抬起头，当他的目光触及潘苹的脸时，突然一声惨叫，扑通倒地，掩面而泣。审判长多次提醒李兴华控制情绪，但是李兴华的失态持续许久。事后陶武平说，潘苹当庭做证摘下面罩这一"招"极具威力。连李兴华的辩护律师也承认：潘苹这一来，我就知道李兴华的小命没得救了。社会舆论被陶武平说服。

先做小赤佬，再做大老板

民族资本家，尤其是大资本家，在上海立业是一种模式，但是不是唯一的模式，也不是最主要的模式。更主要的模式是另外一种人的创业史，是以一个"小赤佬"的身份赤手空拳打天下，有的以一个"大老板"的身份名震上海滩，还有的也是闯出一方小天地，还有的终生碌碌无为。

上海为什么会被称作"冒险家的乐园"？长久以来，这句名言一直没有被当作名言，而仅仅是当作贬损半殖民地半封建时期外国人的口号，以至于谁都不敢以冒险家自居。事实上，更多的因为冒险成功而将上海当作乐园的是中国人，尤其是从乡下到上海学生意的一文不名的小赤佬。

上海是一个值得冒险的地方。上海充满了因为冒险而发迹的机会，上海充满了追求冒险发迹的气氛。还有一点很可能会被忽视，是上海有别于其他地域的冒险精神——上海的冒险富有更多的文化知识含量。即使是到了20世纪80年代，上海和其他地域的差别越来越缩小，甚至上海若干指数已经落后于其他地域，上海人还是在个人资产上捍卫了冒险家乐园的荣誉。

上海这一个冒险家的乐园里，有外国人在冒险，有中国大老板在冒险，更有众多的小赤佬在冒险。上海不仅是一个给女人提供做灰姑娘可能性的城市，也是一个给小赤佬提供做老板可能性的城市。

上海开埠的历史有多少长，小赤佬的历史也有多少长。第一代从乡下到上海学生意的是第一代小赤佬,第一代乡下人。直至当下,在上海的所有还没有发达的非上海籍人,也都是小赤佬的身份,虽然他们被冠之以新上海人或者叫作农民工,但是小赤佬的性质是一样的,小赤佬的愿望也是一样的,因为上海这一个冒险家乐园的传统是一样的,而且,如今的小赤佬翻身为老板乃至大老板的可能性还远远高于以前任何一个年代。

不禁使人想起20世纪三四十年代,甚至更早些的上海,云集了一个以"小"做头文字的群体:小宁波、小苏州、小绍兴、小山东、小福建、小广东;他们的职业,同样也是以"小"做头文字:小裁缝、小剃头、小皮匠。头文字加一个"小",是亲昵,也不乏轻蔑,基本上属于"小赤佬""小瘪三"的扩展名,也是对所有到上海学生意的乡下人的社会定位。后来所有上海的大资本家小资本家,没有一个不是被人家一声声"小赤佬"叫出来的,上海所有的名牌名店,没有一家不是沿马路吃西北风吃出来的。

上海老字号食品"小绍兴",得名也是如此而来。1940年,16岁的绍兴小赤佬章润牛和妹妹章如花随父逃荒到上海,在西新桥附近栖身。后来兄妹俩在弄堂口摆了个小摊,卖卖白斩鸡,还有鸡头鸡屁股,还有鸡粥。口碑传了出去,人家叫不出店名(因为没有店名,只是弄堂口的小摊),只能说,就是那两个"小绍兴"那里买来的。后来小绍兴成了上海老字号的食品——上海几乎所有的老字号食品,最初都是"三无商品"。他们为什么会从非法经营上升为老字号?因为这些当年的"小赤佬",善良,努力,聪明。善良决定了他们的做生意本分,努力是因为起早摸黑,聪明则是他们看准了市场需要。

小赤佬在上海学生意，学上海话，学上海人的腔调，渐渐地像模像样了。先是一口上海话很正宗了，这是最要紧的事情。其实在上海，也有许多人上海话不正宗，一直到老，乡音未改鬓毛衰，于是人们叫他们老宁波、老山东、老广东……凡是这样被人家称呼的，都一定是生活在社会最底层的人，或许还做着一份本分的小生意，那已经是老皮匠、老裁缝了。从小宁波小山东小广东，到老宁波老山东老广东"从小到老"的生命流程，犹如一枚孵化过的鸡蛋，没有孵化为鸡，而成为一枚喜蛋：凡是在上海生活了几十年，而且还生儿育女，却是一口浓重乡音的上海老人，在心灵本质上，没有介入过上海的主流社会。

小赤佬的社会地位是低贱的，但是上海主流社会也要依靠小赤佬的穿流与传递，在穿流与传递中，小赤佬便与主流社会发生了联系，于是小赤佬游走在主流社会的潜流中，小赤佬潜移默化地加入到了上海的本质生活中。

渐渐就有人做了小生意，做了小老板，而后又有人开厂开店做了老板。即使不是原来意义上的小赤佬，即使后来也不是做生意做老板，因为婚姻，从下只角打进了上只角，改变命运的机会是不可能轻易从指缝中溜走的，他们后来往往要比从小到大一直生活在上只角的男人有更快的进步和更大的发展。他们的忍受力、爆发力、攻击力、持久力，都是公寓房子里的孩子不可比拟的。

沈先生当年就是这么一个小赤佬，因为名字中有一个"强"，所以人人都叫他阿强，乃至很有"立升"之后，家里家外和当年的兄弟，仍是阿强阿强的叫他。

小赤佬的第一桶金，是用来否定自己的小赤佬的贫穷，是用来对小开生活的追求，那么对感情呢？是保留还是放弃？尤其是当这份感情曾经就是这一个小赤佬脱离小赤佬身份的救世主的时候？

二十多年过后，阿强终于摆脱了"上门女婿"身份。他心里太清楚了，只要有一天他还是妻子的丈夫，哪怕他在外面前呼后拥，妻子不仅是心里想，而且也是嘴上讲，当年是我的阿爸看中了你的勤奋和聪敏，你永远就是阿强。

阿强读书的时候，住在下只角，还是一个备受上海市井民风不屑的"苏北人"，但是读书读得好。他的妻子是他的高中同学，不仅家境好，住在公寓大楼里，读书也读得好。

就像所有富家女孩的父母都不赞同女儿与穷小子谈恋爱一样，阿强当时的爱情也面临夭折，幸亏老丈人明智，相信女儿的眼光。于是阿强与妻子结婚了，婚房是在妻子娘家的公寓大楼里。阿强成了上门女婿。

上门女婿在上海不算少，和北方的招女婿、倒插女婿完全不同，上门女婿仅仅是婚房安在女方，作为丈夫的一切权利，比如日后孩子的姓，上门女婿一点也不损失，但是上门女婿的精神地位肯定是低的，没有房子，而且还很穷，还是苏北人……上门女婿要比别的做丈夫的男人勤劳。只不过阿强遇到的是很有文化的岳父岳母，才没有受到人格上的侮辱。

结婚十多年后，阿强已然是家中分量最重的人，家里所有有难度的事情都是阿强在操办。阿强没有任何的埋怨，还想得很是周全，而且依旧一点不张狂，尤其是对岳父母的尊敬，一如和妻子恋爱的时候。岳父不仅是当年拍板同意女儿和他恋爱结婚的人，也是最早对他提出生活目标的人，要求他达到入党、读在职研究生两大目标。

阿强后来所有的发展都得益于党员和研究生学历，当然还有岳父的引荐。

谁都忘记了阿强当年下只角的出身，只有阿强没有忘记。常常有人赞美阿强是老克勒，阿强倒是爽快：瞎讲，阿拉哪能会是老克勒？屋兹（我是）小瘪三乡下人诶。

岳父过世了，岳母也过世了。

阿强要去北京了，这是公司高级干部的调整，去北京两年，再升一级。阿强想去。妻子虽然不舍，还是赞成阿强去。

两年到了，阿强仍旧留在北京，后来就越来越少回来，妻子竟然全信了阿强工作忙，还有一些事情需要他留在北京。妻子很不幸成为最后一个发现他私情的人。妻子用离婚来警告阿强，没想到阿强答应了，并且像一切发迹了的男人同样豁达：只求净身走人。

其实，几十年来最想忘记而最无法忘记他当年乡下人身份的，不仅仅是阿强，也包括阿强的妻子，甚至阿强的岳父母。只有睡在第二任年轻妻子身边的时候，阿强才是成功的男人，成熟的男人。再也没有人叫他阿强了，第二任妻子叫他的时候倒是也带着一个"强"的，叫他"强哥"。

从"乡下人"进化到"上海人"

"乡下人到上海,上海闲话讲勿来,咪西咪西炒咸菜",这一个带有明显看不起外地人乡下人的市井民谣,当年甚至小孩子都会在街头侮辱人家,如今已经没有人哼唱了。

"乡下人"可以细分为两个群体称呼:"新上海人"和"民工"。如果说民工是把上海当作一个赚钱的地方,而且他们是一个粗放型的群体,那么新上海人是将上海当作一个生活生存的地方,他们或许是身价不菲的老板,或许是外企的精英,还有更多的新上海人,他们在某一个写字楼上班,哪怕就是一个三五成群的广告公司;他们在上海租房买房,他们在上海结婚同居,结婚的对象或者是另一个新上海人,或者是一个上海人。新上海人的目标,是融入为上海人,民工的目标,是做一个新上海人。

新上海人之多,犹如上海一条条马路的路名:南京路,广东路,淮海路,香港路,澳门路,高雄路,四川路,河南路,宁波路,山东路,重庆路……贯穿上海的东南西北,渗透上海的阡陌交通。举凡路名,大多以外地省份或城市而非本地地名命名的城市,全中国唯有上海。冥冥之中,简直是上海老一代移民给新一代移民留下的一个温馨心灵上的卧室。如今在这么多"外地"大街小路上,很可能坐落着某一个来自外地富豪的集团总部,更有可能,流传着闯荡上海的发财传奇。他们在以自己祖籍地命名的上海马路上,做老板,谈生意,做高薪白领,甚至是一个刚刚毕业到处投简历的外地大学生，当是别有一番喜悦的滋味。不夸张地说，上海有多少条外地地名的马路，就会有多少个外地地方的青年涌向上海，而且向往着脱颖而出成为新上海人。他们共同诵读着这么一段名言：我们都是来自五湖四海，为了一个共同的发财目标，走到一起来了。而且还可以对着家乡的路名和家乡的老板哼上一句：路过了你的路……

如今再回忆上海曾经实行的"蓝印户口"制度，这才是新上海人的里程碑。

1994年，上海实施蓝印户口制度。蓝印户口是指在上海投资、购买商品住宅或被上海市属单位聘用的外埠来沪人员，在具备一定条件时，经公安机关批准登记后加盖蓝色印章，以示户籍关系的户口凭证。这是上海对外来常住人口首次实行的户籍松动政策。

作为当年蓝印户口的第一人，上海斯尔丽服饰有限公司董事长邵联勤花170万元购得浦东金杨新村两套商品房后，顺利由浙江人变成"上海人"。外埠居民按定量款项购买上海部分地区商品房后可获上海市民待遇的政策，不仅掀起了购房移民潮，同时也引发上海首轮房地产开发热。直到2002年，随着蓝印户口的取消，上海购房移民的历史告终。

以前的"乡下人"会渐渐"进化"为上海人，现在的新上海人从到上海的第一天起，不会有人嘲笑他们是"乡下人"，新上海人和上海人享受着完全相同的生存权利和社会福利，新上海人似乎就等同于上海人。事实上，唯其一个"新"字，已经界定了新上海人的"非上海"属性，新上海人不是上海人，因为"进化"的条件已经失去了。

新上海人是一个太过丰富复杂的群落，从福布斯榜上有名到一个小公司的职员，似乎都可以界定为新上海人。新上海人的精英都接受过最好的教育，或许还是在国外接受的教育，在精神上，在经济上，在风度上，在地位上，早就融入了上海的主流阶层，甚至已经担当了主流阶层的领导角色，他们就是上海人，但是在文化上、生活习性上，尤其是在语言上是否已经和上海人一模一样？

在精英群落之外的新上海人，才是芸芸众生，才是十足地体现了"新"的上海人。

在许多公共场所，眼睛一瞟，便知道他们是上海人还是新上海人。要是乘地铁，车门口总是拥堵了几个男女，别人以为他们会下车，就站立在他们身后，车停站开门，他们并不下车，下一站还是不下车，后边的人差一点下不了车。有人在轻声嘀咕：格种外地人就欢喜立了车门口……上海人上了车习惯于往里挤，到站前移位到车门口，非上海籍人大概是担心过站，就堵在了车门口。骨子里，上海人是将新上海人和民工统称为外地人。

上海历代移民都必然受到轻蔑的对待，而轻蔑他们的人往往就是上一代的移民——已经生根为上海人。对待外地人，上海人喜好在容纳中排斥，确切地说，是在排斥中容纳：上海在很长一段时间里一直被视作最骄傲、最排斥的城市，而同时上海恰又是最兼收并蓄的城市。

上海人以前一直看不起外地人，甚至将市中心之外的所有人贬称为"乡下人""阿乡"。经过租界文化的强制性浸染，上海人的文明礼仪意识在国内是最高层次的，这是上海人看不起外地人、将外地人称作乡下人的资本。又不得不承认,当一个非上海籍、甚至是下只角的人被当作乡下人羞辱的时候,除了耿耿于怀被羞辱,同样要紧的是改掉被人羞辱的习惯,在心底暗暗学上海人,包括口音、腔调、习惯,渐渐地被上海人同化。

对于非上海籍人来说,上海人是用租界文化的强制性方式,将自己接受的租界文化转嫁到了"乡下人"身上。以前,如果有一个外地人乘公交车站在车门口,首先会遭到卖票员嘲笑式的教育:往里头跑点,急啥啦!如果是一个厉害点的上海乘客下车,还会不露痕迹地蹭外地人一下,还很有理由:啊哟,我还当侬要下车格!"乡下人"称呼,就像租界文化一样,是一把双刃剑,是侮辱,也是侮辱式的教育。多少年来的外地人、下只角的人,都是如此"梅花香自苦寒来"。

即使是对台湾人,上海人也一点不买账。据说将洋酒当黄酒一大杯一大杯喝的,是一些台湾老板的始作俑,上海人称他们为"台巴子",形容一掷千金而没有文化的小老板。

如今上海已经不排外了,非上海籍人——很有可能就是一个新上海人,潮水般地涌入上海,上海却没有了同化的动力和能力。以前是一两个"乡下人"备受环境的熏陶乃至改变,如今有上百万的新上海人,环境已经没有能力改变他们,而他们足以改变环境。

曾经有人做过一个很有趣的调查,假如你是上海人,假如你在某个公司工作,比如开会,比如业务沟通,比如说三道四,你的主要工作语言是上海话还是普通话?调查的结果是,上海话说得越来越少了,工作的时候,你都找不到说上海话的机会,连上洗手间都在说普通话;至于上饭店吃饭,去小店购物,到夜总会娱乐,更加是普通话的一统天下。越是新兴的企业、新兴的公司，上海话的话语权越是小，普通话率之高，甚至让你怀疑自己是否身处上海，怀疑自己是否还是上海人。就像有两位上海男士在饭桌上的自嘲：再下去上海话都不会讲了；双方互相探究原因，一个说，一定是你们公司招了太多的外地大学生，所以你必须和他们讲普通话；另一个摇头：我的老板是外地人，我的顶头上司是外地人，我当然要讲普通话了，你们不觉得我现在普通话讲得很标准了吗？此时旁边另有位女士插进来问：你的老板也是外地人？

上海人讲上海话的机会越来越少，意味着上海在开放，也意味着新上海人与上海人的差别越来越明显。如果一个新上海人与另一个新上海人结婚，那么他们的口音不会被上海同化，他们的乘车习惯不会被上海同化，他们的习俗不会被上海同化。当新上海人再也不必担心被嘲笑为外地人的时候，实际上，倒是很多的新上海人觉得自己是外地人。只有当他们的孩子长大之后，才能成为一个上海人。"乡下人"这么一种蔑视且歧视的称呼，是一把双刃剑，现在这把双刃剑没有了。

上海人活法

每一个地方都有每一个地方的活法。上海人的活法似乎也仅限于上海这一个地方，就像是以前的地方粮票，也或者是当下的地方交通卡，有了它可以在这一个城市畅通。如果仅仅是这样，那么上海也就不是上海了。比起任何一个地方，上海人的活法是最要紧的事情，要紧就要紧在，在上海要简单地活下去是最容易的，即使是乞丐在上海性价比也不低，但是在上海要活得好是最难的事情。在上海，从大老板到小瘪三，这其中的社会层次，犹如千层酥，到底有多少层，谁都数不清楚；上海本身的百多年变化，又是常常变得回去路也不认得，于是上海人的活法，很可能是最需要隐忍，最需要想象，最需要努力，最需要抠门，最需要斤斤计较，最需要艺术……

有一天读到了沈嘉禄写的《上海人活法》，真是写得好。它不是浅显的工具书教科书，类似于时尚地图一样带领你速成上海人。没那么简单的。即使在时尚圈内闲坐，别人还不把他当作上海人——所谓上海人，是经历了上海昨天活法的人，而不是乘几个小时飞机空运到上海的人。沈嘉禄娓娓道来的，正是上海人昨天的活法和今天正在想好好活着天天向上的千方百计。

上海人的活法是上海人的心计，似乎很精神，实在又很物质，因为上海人的心计千变万化，总是依托于自己的居住环境。"螺蛳壳里做道场"是多年来上海人的居住环境，恰又是上海人的活法原则。小时候听长辈这么说的时候,并不知道道场是什么,还以为是"稻场",想想这一个螺蛳壳也真是蛮"结棍"(沪语:厉害,严重)的,及至知道了"道场"的意思,就明白了上海人活法的最厉害之处,是在最狭小的物质空间里要演绎最深奥的精神生活。张艺谋拍的《一个都不能少》,说的是读书的孩子一个也不能少,在上海人的活法里,始终也坚持着"一个也不能少",那是城市生活的享受一个也不能少。沈嘉禄是"一个也不能少"的亲身实践者,他有过拍照片洗印照片的爱好,那一架照相机在几十年前花了他整整四个月的工资;他还有过弹吉他的爱好,应该是在夏日里的弄堂口,一帮子小青年被称作"路灯下的宝贝",在弹琴中憧憬"弹情",琴与琴之间当有水平上落,当有互不买账,于是一条弄堂一条弄堂地PK过去,胜者为王,琴胜当也情圣。当然那时候还没有PK这个词,而是叫作"斩琴",很形象。除了吉他,小提琴、手风琴,当然还有微小的笛子口琴之类,常常会在某一个阁楼或者老虎窗里飘出些许声响;钢琴几乎没有,因为螺蛳壳里放不下。

但是很有可能,当某一家人家终于从螺蛳壳里搬了出来,搬进了新买的房子,看热闹的人一阵惊叹:简直是古彩戏法,从螺蛳壳里搬出来一张红木大床,搬出来一只红木大橱……是祖上留下来的,也可能是几十年前淘旧货淘来的。"上海人活法"不简单哪。

上海女人头脑

"上海头脑",是一本书的书名,这书名有趣。一个人也罢,一个城市也罢,要想把书读好,要想把日子过好,靠的是头脑。当下上海学生考大学的分数是及不上外地人的,但是上海人向来有"头子活络"的传统,这传统,也依旧是上海头脑。而且这样的头脑,通常并不是大脑筋,如果说到大脑筋,北京人要跟你脸红了:那是咱北京人的专利;不是大脑筋,便是小脑筋、小聪明。

"上海人精明而不聪明"似乎是上海人的一块胎记,《上海头脑》倒是哪壶不开提哪壶,偏偏说上海人的小聪明,比如上海人的市井头脑,人际头脑,家庭头脑,消费头脑,职业头脑,理财头脑,时尚头脑,学习头脑……以前有句著名的话,叫作大河满了小河满,似乎也可以倒过来想,常常也是小河满了大河满,当一个人各方各面都充满了小精明的时候,总和在一起,是一个人的大聪明。

不过这样的上海头脑,基本上是上海女人的头脑,因为在平和而市井的生活中,男人比较弱智,唯有女人才是头脑高速运转,从和小老板讨价还价,到与邻里相处,到买房买车,男人是钱包(不是草包就是万幸了),女人才是掏钱包的人。掏钱包方显上海女人头脑的灵光和上海女人头脑的历史传承。

上海女人最大的本事是将有限的人民币,投入到无限的爱好和虚荣中去。以前上海女人喜欢结绒线,北方人叫作打毛衣,除开夏天,上海女人闲下来几乎是绒线不离手,并不是有那么多的绒线可以编织，而是穿了一年就拆，拆了再结，于是每年都穿新绒线衫了。有时候看到女人结绒线，一个兜里就有十几团颜色各异的旧绒线，那都是不能再结成整衣的旧绒线，但是要不了多久，女人身上就有一件花样很时尚的绒线衫穿上了。花样年华可以在绒线衫上体现出来的，还没怎么花钱。

上海女人是最能体现"多快好省"的女人。多是身上翻花样多，快是频率快、周期快，好是穿在身上一定山清水绿，省当然就是省钱了。多快好省四个字中间会一个字并不难，难的是把互相抵触的四个字拿捏在手里。

女人多多少少总是爱虚荣的，上海女人也如此。就像以前上海女人有办法将几团烂绒线结成一件时髦的绒线衫一样，如今上海女人有办法将一件没面子的事情上升到有面子，将一件原本属于小家子气的事情上升到时尚的生活理念。

还是在纸媒的优惠券时代。某日在酒家用餐，买单时问能不能打折，服务生当然不肯，偏偏座中一位上海女人眼尖，看到酒家角落报栏里插着杂志，当即拿了过来，熟稔地翻到其中一页，当着服务生的面撕下一角给服务生，服务生没反应过来，女人已经问了：这下可以打折了吧？服务生不情愿地点头。上海女人撕下的杂志一角恰是这个酒家的打折券，害得酒家服务生立刻从报栏里撤下消费杂志。做这样"揩便宜"的事情，上海女人心情好得不得了。

不论是买了什么东西，只要是打折"揩便宜货"，上海女人不仅不会遮遮掩掩，反而还要到处宣扬，她的虚荣心常常不是因为天花乱坠而满足，而是因为觉得自己会"揩便宜货"、会生活而惬意。这就是上海女人在多快好省中自得其乐的境界。

上海女人的头脑,像上海的马路交通,既有红绿灯的规范,又有穿小弄堂的灵活,所以不管钱多钱少,日子安排得总是妥帖。当然也有热血沸腾却又丢三落四的,一般来讲上海女人并不喜欢,她们会不无讥讽地说:伊格个人(她这个人)做样样啥事体,像开无轨电车——上海女人喜欢有轨,有轨了才有出轨一说。上海女人是否出轨更多?不清楚,不过上海女人是看不起"开无轨电车"的,那是生活没有章法、胡天邪地的女人。

好好爱，上海

有一个约定俗成的说法，上海是为女人度身定制的，这一座城市的由来，这一座城市的变迁，女人几乎是一直的享用者；越是文明的城市，对女人的关怀也越多；女人的性别地位、经济地位、政治地位、文化地位，女人的精神享受和物质享受，已经到了用不着再去刻意提高的程度，于是渐渐地，上海就汇集了越来越多美丽的女人和聪明的女人。于是也产生了另外一个约定俗成的说法，上海的女人是最开心的女人，最容易做的女人。好像一个女人，不管她来自什么地方，只要到了上海，她就自然而然可以和上海女人一样，出没于时尚之地，徜徉在闹市街头。

这话说对了一半。如果问女作家石磊是不是这样，她当然不会认同。在上海做一个女人可以是开心的，但是不见得是很容易的。在石磊的《好好爱》一书中，尽是做一个上海女人不经意的日记流露，感觉得到"好好爱"三个字，要说容易简直就是脑筋也不要动，要说不容易那就如同登天。好像是来到了最好的服装店，有的女人挑了半天就是挑不出自己喜欢的，而有的女人真就是眼尖，眼尖到了让别人羡慕甚至嫉妒；展示的衣服，对于女人来说，是物欲，也是考量，考量的就是这一个女人的品位、审美和挑选的能力。在上海做一个女人也是这样。当不少女人是在囫囵吞枣般地消费上海的时候，虽然也是一大把的钱丢在了一个叫作上海的海里，这和农民工狼吞虎咽盒饭没有什么区别；当不少女人是在跟屁虫似的模仿上海的时候，虽然也很有模有样，但是耐不住细看，分明是洋泾浜的格局。

在上海做一个女人最大的开心，是品味每一个生活的细节，还可以在闲聊中娓娓道来，道来的恰是别人有所见却无所品，别人有所思却无所言。石磊就是这样一个女人，经她柔声细气淡淡说来，别人便有了很多共鸣。我感觉我就是这么一个"别人"，只能佩服一如她在生活交往中的心细：心细真是功夫。她写到了闲坐在皋兰路东正教堂尖顶下，当然已经是饭店了，这地方我也去过，我也喜欢，但是石磊实在太识货了——她带去的"莫扎特"，回荡在教堂的穹顶——有几个人会带了莫扎特去的？

我揣摩"好好爱"的意思，那是如何爱，当然这样说白了就少了意味。"好好爱"，不单单是好好品味上海的每一个细节，更多的是好好品味俗常的人、俗常的衣食住行吃喝玩乐。"好好爱"无关"心灵鸡汤"，却也是和心有关，我想了想，给她起了个雅号，叫作"心灵花茶"：春日里，斜阳下，品茗闲聊，来一壶"心灵花茶"，实在是一份享受。尤其是女人没有不喜欢的。

适宜两个字

20 世纪 80 年代有一部非常著名的小说《人到中年》，而后又拍成非常轰动的电影，由达式常和潘虹主演。可能因为达式常被认作是银幕上最典型的上海男人形象，潘虹又是十足的上海女人，所以电影《人到中年》也就有了浓重的上海风味。实际上这部小说的作者谌容是北京人。

电影中有这么一个场景：潘虹（陆文婷）因为工作超负荷病倒，她的丈夫达式常（傅家杰）坐在床边，拉了潘虹的手，轻声诵读裴多菲的《我愿意》：我愿意是急流，只要我的爱人，是一条小鱼，在我的浪花中快乐地游来游去；我愿意是荒林，只要我的爱人，是一只小鸟，在我的稠密的树枝间做巢，鸣叫；我愿意是废墟，只要我的爱人，是青青的常春藤，沿着我荒凉的额亲密地攀缘上升……

不到非常时刻，上海男人是很难启齿表白的，更难无遮无拦地赞美自己的妻子。在真实生活中，上海男人和女人之间的关系，是一种生活组合关系，需要合力，需要协作，需要默契，需要奉献。

可以如此让男人"我愿意为你"的女人，一定是一个让男人受益、让男人陶醉的女人，她自己也一定是一个非常滋润、非常有亲和力的女人。可以用一个词来形容如此的女人：适宜。

在某次文化界活动中，会议主持人点名要我讲讲上海女人。那时候我的《上海女人》刚刚出版，社会反响还不小。恰好那一天我坐在著名艺术家曹雷旁边，讲上海女人就有了生动而有力的依据。我说，曹雷老师是上海人，是大家闺秀，也是艺术家，我们都会很自然地赞美曹雷老师，但是赞美她不是一件容易的事情，因为很难找到让她认同的赞美词。美丽漂亮之类的词语，用在曹雷身上显得很肤浅，曹雷也不会觉得你是由衷地赞美她；至于"嗲""作"之类，更加显得形容失当。幸好我找到了一个词，我估计曹雷老师也会认同的，这一个词语就是"适宜"。曹雷老师"看上去老适宜格"。话音未落，周围的人拍手了，当然是为曹雷。

对于上海女人，尤其是知性女人来讲，不论她们的年纪，不论她们的贫富，适宜是她们以内而外的生活气质。

适宜是就上海女人而言。同样是"适宜"这么一个词，去形容北方的知性女性就显得勉强。因为在普通话中，"适宜"经常是用作副词，和适合差不多的意思，比如"北方适宜种大豆"，与赞美女性相去甚远。也正是"适宜"具有上海色彩，所以它无法在普通话词典中找到确切的注释，变得可意会而不可言传，即使适宜的女人，心里很明白甚而窃喜，却也没几个人说得清楚适宜到底是什么意思。

曹雷很认同适宜和上海女人的关系，但是她认为，似乎"适意"要比"适宜"更加恰当，因为"适意"是符合心意的意思。适宜和适意真好像是一对孪生姐妹，略略一看很相像，倘若一定要说有什么不同，那就是神情各异。我回答曹雷说，最初我也在"适宜"和"适意"两个词当中犹豫，"适宜"更接近于一个女人气质性格的释放，"适意"强调的是这一个女人气质性格给予他人的感受，似乎都有道理。当我们在赞美某一个女人很适宜的时候，是包含了适宜和适意两层意思，一层意思是这一个女人散发出来的自我形象和气质是适宜的，另一层意思是旁人所感受到、接收到的这一个女人的形象和气质是适意的——符合心意的。最后我是在苏东坡的一句诗中找到了"适宜"的依据："欲把西湖比西子，浓妆淡抹总相宜"，"适宜"更贴切一点。

一个女人的自身是适宜的，而对于别人来说应该是适意的，主体适宜，客体适意。适宜的女人最大的功夫，是在和风细雨中，成了男人的智囊。一个好看女人可以成为男人的心物，一个厉害女人可以成为男人的心腹，一个智慧女人可以成为男人的心路。

上海男人和上海女人的夫妻之间，会有很多的梦幻组合。所谓梦幻组合，宛若一个蟋蟀罐里放进去了两只蟋蟀，最相安无事的总是一只在中央一只在旁边。如果两只蟋蟀都志在中央，那就是恶斗无穷，或者两败俱伤，或者一只败落，或者一只跳槽。上海夫妻关系更多的是像两只相安无事的蟋蟀，有主从关系，却不分道扬镳，这就是夫妻的梦幻组合。一旦形成了梦幻般的组合，也许枕边风会是最和煦的。

有北漂，没有海漂

去北京发展叫北漂。"漂"很传神，虽然在北京三年五年了，甚至更长一点，却一直像没有根基的浮萍漂着一般，从来未曾沉下去，融入不了北京文化民生市井。道理也简单，北京本是皇城，要沉入皇城根谈何容易？

漂专属于北京，就像"闯"专属于关东，叫闯关东；还有另外的固定搭配：走西口，下南洋……闯关东需要勇气，走西口需要毅力，除了牛和驴，黄土高坡再也没有像样的交通工具，下南洋是无奈，要去异国马来亚和印度尼西亚，十年生死两茫茫。

不管是漂，还是闯，还是走，还是下，都是一个不容易去而又必须去或者值得去的地方。

来上海打工或者生活的非上海籍男女，人数上恐怕不亚于北京，立志要在上海谈婚论嫁养儿育女的非上海籍男女每年还在递增。

没有叫"海漂"的。虽然上海还带着一个"海"，更不是闯上海、走上海、下上海。没有一个约定俗成的叫法涵盖非上海籍男女涌入上海的潮流，却有一个一致性的称谓，面向所有在上海生活的非上海籍男女：新上海人。北京当然也有浩瀚的新北京人，却没有新上海人这么叫得响，叫得早。在北京叫得响的还就是北漂；至于广州，新广州人的称谓姗姗来迟，直至2008年，广州的政协委员呼吁要展开"新广州人"的宣传活动。

新上海人不是漂出来，也不是靠闯、靠走、靠下，而是靠做，做人。在上海是要学会做人的。20世纪50年代之前，外地人到上海是"学生意"，学的是上海人的生活方式，想的是做一个上海人。80年代之后，外地人到上海不再是学生意，却还是在潜意识中，以上海人的生活方式作为自己新的生活方式。在北京只要讲普通话就行，在上海，虽然普通话在许多新型公司已经取代了上海话，但是会不会讲上海话，乃至会不会讲屏蔽了乡音的上海话，将永远是一个问题。所以，类比于漂、闯、走、下，在上海，做，或者说是学，是最重要的事情。

做是最容易，也是最难的。有一位年轻记者，也是新上海人，有一次奉命采访原国家体委主任徐寅生。徐寅生约小记者到上海体委见面，小记者不知体委在哪里，徐寅生告知在国际饭店旁边，小记者又问，国际饭店在哪里？徐寅生几乎错愕：你不知道国际饭店？在大光明旁边，你也不知道？小记者在电话那一头的错愕表情，徐寅生是看不到的。一个新上海人可以对新天地耳熟能详，可以对环贸iapm了如指掌，但是对着上海的细节，对着上海往昔的坐标，是需要更长的时间才能深入其中。

"做上海人"是令人向往的。上海人的祖父祖母辈，绝大多数也是从小背井离乡，到上海学生意，做一个上海人，这与前些年申请蓝印户口的非上海籍人非常相似。北漂最重要的是要有车，车就是陆地上的船，是最适合漂的交通工具。做上海人最重要的是要有房，上海人要买房，新上海人更要买房，没有自己的房，新上海人只能一直"新"下去。这也就是为什么上海房价一路攀升的一个很重要的原因。

上海很久以前已经享有"远东第一城"的美誉，那么第一城必然也就是与其他城市不同类。

另类就是独特且不很相融的个性,并且很顽强坚持自己的个性。上海的另类,自然会有很多,其中最独特的,也是最顽强坚持的另类,是上海这一座城市的情调和生活方式。

上海一度是中国日用品工业的圣地,全国人民都是以拥有上海产品而荣。上海产品不仅好在质量,好在包装,也好在它们的名字。有些上海产品是延续了之前几十年的品牌历史,有些上海产品是50年代之后的新产品。仔细去阅读这些品牌的名字,会阅读出上海的另类和上海另类的顽强。它们是有个性的,这个个性的本质是"最不革命"的。

除了"文革"时期的红海洋年代,上海名牌遍布全国,但是它们很少取一个革命的名字,诸如"工农兵""人民""解放""大庆""大寨"之类的名字,而是小心翼翼地、有韧性地捍卫着自己的另类。永久、凤凰自行车,飞人、蝴蝶缝纫机,百雀羚,大白兔、米老鼠奶糖,414毛巾(沪语"试一试"之谐音),固本肥皂,国光口琴,留兰香牙膏,华生电风扇,红灯收音机,恒源祥绒线,大前门香烟,凯司令蛋糕……许多品牌的名字,至今都还有魅力。

至于商家饭店娱乐场所的名字,也是很展现上海的勇气:麒麟百货商店,国泰电影院,天鹅阁西菜社,冠龙、艺美照相器材,亨得利钟表,协大祥布店,王开、蝶来照相馆……

不要以为上海当年享有某种特权,可以恣意张扬自己的另类。上海当年一直处于红色宣传的风口浪尖。1962年春节前,张春桥写了一篇文章《看橱窗有感》,批评上海的另类:"有的橱窗,把平常人买不起的高档货集中起来,布置成一间卧室,在华贵的床上,还要躺着一个'睡美人',摆在显要的地位,唯恐你看不见。一同这种现象相联系的,还有电影广告。一部描写解放战争的故事片,明明有很好的镜头,偏偏要选择一对男女拥抱的镜头,大张旗鼓地宣传。男女拥抱,如同吃饭、睡觉、大便一样,是人之常情,但是,为什么一定要放在显著地位,广为宣传呢?在我们看来,在橱窗里布置一间卧室、放上一个'睡美人',或者放上一只穿丝袜的女人大腿、一张男女拥抱的电影广告、几张阿飞式的彩色照片,这并不是美。"

就是在如此的风口浪尖,上海的另类继续着,继续着,以至于蓦然回首的时候,还不禁惊叹它的发生,而且是独一无二的发生。小提琴协奏曲《梁祝》堪称经典,这一部最缠绵的音乐作品,诞生在最刚强的年代1959年。为了庆祝新政权建立十周年设立的"上海之春"音乐周,要求上海音乐学院递交大型音乐作品。学生们热血沸腾地创作,讴歌社会主义,讴歌大跃进,讴歌大炼钢铁,所有的作品送到学院领导办公室,当时的音乐学院院长孟波在一大堆革命题材之中,独独选择了与革命无关的《梁祝》,并且在"上海之春"首演大获成功。

这是上海的另类,上海的眼光。

"新"上海人和上海人的楚河汉界

30年前——1989年,李媛媛出演电视连续剧《上海的早晨》中的三姨太林婉芝,活脱脱很适宜的上海女人。

我写《上海女人》时,第一个灵感恰恰是来自李媛媛。她是我非常喜欢的演员,更早她主演话剧《埃及艳后克丽奥佩特拉》时,我就注意到了她。后来她在《围城》中出演苏文纨,也还是一个娇滴滴的女人。她身上上海女人的"适宜"气质应有尽有。可惜她2002年过早地离开人世。

其实李媛媛是山东人,而同为山东人的巩俐可以演绝了河南村妇秋菊,却没有办法让《摇啊摇,摇到外婆桥》里的歌女小金宝,散发出一点点上海女人的味道。

"上海女人",是一个符号。"上海女人"代表了都市化的进程,所以上海的女人不一定就是上海女人,上海女人也不一定是上海的女人。一个"的"字表明了上海女人不仅仅是地域性的女人。"上海女人"应该是接受了海派文化和上海都市化进程的熏陶浸润,又推动提升了海派文化和上海都市化进程的女人。至于穿了睡衣满街跑、极其没有文明教养的女人是上海的女人,她们生于上海长于上海,却始终没有达到"上海女人"的文化文明境界。

当一个温婉的女人以自己的细心和清洁来打造自己的家、自己的男人的时候,这是顺时针的男女关系模式。在生活细节方面,男人是应该比女人做得差一点的,是应该被女人唠叨几句的,如同男人的力气应该比女人大一点一样。《激情燃烧的岁月》中小资吕丽萍改造了土八路孙海英一辈子，虽然改造得心潮起伏，还是顺时针一般地顺了过来，至少为了夜里可以获得和老婆亲热的资格，男人会去自觉地刷牙、洗脚。如果一个女人不如自己男人细心，不如自己男人爱卫生，那是逆时针的男女关系模式。当一个男人习惯于每晚漱洗，而女人大大咧咧不以为然的时候，再美艳的女人也会在男人心里打了很大的折扣。

上海男人是讲究细节的，大约也是被上海女人"作"出来的——用当下流行的话来说，叫作"倒逼"出来的。一个讲究细节的男人，或者说是仔细、讲卫生的男人，是得到女人喜欢的基本条件。有许多上海男人，不管是知识阶层还是非知识阶层，会有一个共同的生活习惯，钥匙包里面的六七把钥匙是有顺序的，从楼下到楼上，从第一道门到最后一道门……哪怕是漆黑一团的时候，手里捏着第几把钥匙，开哪一扇门，一点不会搞错。也就是自己已经对细节炉火纯青。反过来，上海男人在直面一个女人的时候，也对女人有细节的要求，而且是更细的细节要求，尤其希望自己面前的这一个女人很仔细，很讲卫生。

与其说这是上海男人的生活细节，还不如说这是一个城市的传统。即便当下的年轻男人已经不复存在传统男人的慢条斯理，或许很粗心很漫不经心，骨子里的对细节的讲究，仍旧是不容置疑。

这就是为什么上海女人可能找一个非上海籍的男人，而上海男人很少找一个非上海籍的女人（"退而求其次"地找女性外来务工者除外）。在上海的市井文化中有这么一个通婚公式：上海女人和非上海籍男人结婚，那么这个非上海籍男人以后就蜕化为上海男人，因为他被上海女人同化了；上海男人和非上海籍女人结婚，那么这个非上海籍女人以后还是非上海籍人，因为上海男人既没有能力也没有耐心去改造他的妻子；非上海籍男人和非上海籍女人结婚，那么这一男一女就是新上海人。当上海人前面加一个"新"的时候，实际上是和上海人之间横亘着"楚河汉界"。

更何况，上海男人是被称之为有洁癖的。当一个城市的男人主流被称之为有洁癖的时候，可以想见这个城市男人整体的卫生水平。讲究卫生是从个人开始的，讲究卫生必须是在互动的状态下才会有讲究卫生的快感和满足，尤其是在一男一女的两性关系中，对卫生讲究的对等，也就是男女关系的平等。

似乎这是再简单不过的事情，饭前便后要洗手！在上海男人的心底，这像血液一样流淌于全身，又像是血型一样难以更改。

上海有位画家，在南疆采风作画时，爱上了载歌载舞的山乡姑娘。画家试图用知识文化文明来催化山乡姑娘，但是失败了。一个女人的知识可以快速提升，一个女人的城市生活细节和女人的贤淑，是这个城市哺育她的乳汁。山乡姑娘无论如何不明白，仅仅因为她改不掉端饭端菜时大拇指深深扣在碗沿里，就会让吮吸过她全身吮吸过她手指的男人讨厌。

上海男人对将要成为自己女朋友的女人和将要成为自己妻子的女人的细节要求，还不仅在于这个女人是否可以和自己生活得下去，还在于这个女人是否带得出去。似乎上海男人有虚荣更有大男子主义，但是如果观察一下上海男女街头的等第关系，就不会得出这样的结论。"带得出去"恰恰是上海男女平等的结果。

在上海为人之妻，即使是全职太太，也不会终日孵在家里做家务,而是在马路和商店里川流不息的。

上海的夫妻是并排走路的,不像西方夫妻爱人手牵手,也不像北方夫妻男人在前女人在后。并排走意味着男人遇到了熟人或者朋友,女人也就并排站立而不必退后到男人身后。如果是在家里招待客人,或许女人忙乎了大半天,一桌亲戚朋友必然是请女主人入座才开宴,虽然女主人又闪回了厨房,但是女主人的地位是明摆着的。美丽与平庸,优雅与乡媚,淑女与村姑,写在脸上,动在手上,流露在嘴上。

有一位作家孙先生,生前也是一位很在意自己身边的那一位女士的。他病重时,有位女士陪伴在侧,真是一位很典雅的上海女人。在此之前孙先生一直未娶,以至于后来旁人也不便问他们是否结婚了还是没有结婚,只是知道他们共同生活并不很长久。

一些朋友去医院看望的时候,孙先生已经昏迷不醒,来日无多。朋友与孙先生病床边的女士互相都不熟知,女士对来者说:阿好(是否可以)留一张名片哦?有来者给了,也有来者抱歉说没带名片,心里则不知女士的意图。女士给了没带名片的来者一个本子一支笔:不好意思,就请侬拿名字写下来——等伊(他)醒了,我就好告伊(跟他)讲,啊里(哪)几位朋友来看过伊了。果然有一个小盒子里装了一沓名片,本子上则是一个个来探望者的名字,写得很工整。女士这么说的时候,眼神中遮不住哭意,却还是很平静带了一点点的微笑和歉意。来者无不感叹女士这一番的用心。稍稍介绍了病情原委,女士便主动谢客:几位也老忙格,就请先回吧。彼时的孙先生已经无法牵挂"带得出去",但是他的朋友还是很看重陪伴在侧的女士。直至孙先生去世后,熟人说起去医院探望,都会说到这一位女士。

男子汉的定义

　　上海这一座城市看上去有点懦弱,像上海的男人一样,缺少拉开阵势吵架、恶语相加的胆魄,大约是在体现着长江文化的温和。有好多年,央视春晚还是最火热的时候,连年推出讥笑上海男人的小品,可以看作是北方人黄河文化汹涌的侵略性。上海一直无动于衷,从来没有反唇相讥,不仅如此,还为龙应台的《啊,上海男人》提供了舆论平台,任由台湾文化对上海文化指指点点,大陆所有的省份,没有一个像上海这样城门洞开,默许他人说三道四。这到底是上海海纳百川有容乃大,还是上海懦弱的性格没有杀气?

　　或许就不值得去解析去推理背后暗藏的缘由。最早批评上海人的,正是上海人自己。已故著名作家沙叶新在1986年创作的剧本《寻找男子汉》,才是打响了抨击上海男人不够血性的第一枪。虽然沙叶新所扫射的对象遍布大陆所有地域,但毕竟是以上海男人作为射程最近的对象。是否可以看作是上海人最清醒的反思意识,还是上海最无所谓七嘴八舌?

　　与沙叶新写《寻找男子汉》形成强烈反差的,是1985年、1986年发生的一个著名悲壮事件:长江第一漂。1985年,西南交通大学电教室摄影员饶茂书,作为最悲壮的男子汉形象,定格在中国人的心里。1986年的6月至11月,中国、美国共有三支漂流队在长江展开竞赛,最后以美国人的退出和中国人的成功画上句号。这也是唯一的一次长江全境漂流。"唯一"的解释很简单,因为成本高到无法计算——十一条人命漂没了。饶茂书被追认为"科学考察漂流探险活动中英勇献身的革命烈士"。至于"盲目""狭隘的民族主义"之类给予饶茂书和其他长漂者的评价，已经是后来的社会反省了。

在长江漂流悲剧发生20年之后，我去过虎跳峡。很远处未见到江水，就听到了虎啸般的激流撞击，而后在百十米高的山崖上俯瞰，只觉得虎跳峡的霸王气息，令人惊悚。过往上辈，给它起名虎跳峡，大概是觉得老虎有神威，无所不能，只有它能跳过去，人是不可能跳过去，其实老虎也是跳不过去的。奇迹在于，饶茂书"跳"过去了，但是最终在下游的金沙江，饶茂书触礁身亡。

《寻找男子汉》写的是大龄女子寻找对象的故事，按照沙叶新自己的说法："其实女主人公并不是在寻找事实意义上的如意郎君，而是在招魂，是在召唤民族之魂，是在召唤阳刚之气，是在寻找精神层面上的男子汉。"剧中有一个征婚男人，身高一米七五，大学毕业，604所技术科科长，工资112元，精通英、日两门外语，兴趣广泛，爱好音乐、美术和文学，曾发表过短篇小说和中篇小说，品质高尚；另一个男人身高一米七四，五官端正，眉清目秀，工资86元3角9分，家有结婚住房14.2平方，绝对的老实；当然还有会做家务做家具的男人、听老婆话的男人——他们是男人而不是男子汉。

如果以为上海是批评上海小男人习俗的最前沿，那又是看错了上海。事实上在上海，"上海男人"说的是一套，做的是另一套。1991年，上海总工会和上海电视台联合发起"上海首届现代好丈夫评选"活动，前后十个月，全市106个区县局工会全面发动，300多万职工参与，9万多名丈夫进入初评，最后评选出104名"现代好丈夫"，规模和声势远远超过了现在的"超女""好男儿"。

沙叶新以一首诗歌发出了善意的揶揄："男子汉哪里有？大丈夫满街走。小李拎菜篮，老王买煤球；妻子吼一吼，丈夫抖三抖，工资奖金全上缴，残羹剩饭归己有，重活脏活一人干，任打任骂不还手……民族若无阳刚气，民族怎能去奋斗，丈夫若无阳刚气，我的妻儿，你说是可喜还是可忧？"看来上海的女人们，尤其是女工人们并没有想得那么高那么远，参加好丈夫评选的女职工，完全就是"人来疯"一般的踊跃。为了应付太多的女工参评，市总工会女工部甚至只能下达限额令，每7400个女工推荐一名好丈夫，参加市级复试。

也在差不多的时间，北京和广州也举行了相似的比赛，参加的丈夫寥寥数千，获胜者也是胜在有一技之长或者多技之长。上海的评选倒是直截了当从"阿拉男人"的角度切入——"在外像绅士，赚钱理财像谋士，体贴像护士，辅导孩子像博士，矫健潇洒像斗牛士，幽默风趣像嬉皮士，做家务是大力士，不敢花心像道士。"虽然这仅仅是市井的顺口溜，又何妨作为海派好丈夫的潜规则？

再看评选的标准和最后获奖的好丈夫，恰恰是《寻找男子汉》中的男人，而不是男子汉。在上海，"男子汉"曾经替代了"男同志"的称谓，还时髦了一阵，但是很快让位于男人。好丈夫就应该是这样，不管你是最底层的工人，还是有身份有身价的名流，好丈夫的标准是公平的，男人的责权利也是公平的。

"我是个男子汉！"这样的宣誓，三十几年前，几乎每天可以从电影电视戏剧里听到；"你像个男子汉吗？"这样的质问，也几乎每天可以从当时生活中男女之间的争吵中听到。戏里戏外，台上台下，女性在寻找男子汉，男性在扮演男子汉。

　　刻意竖起高仓健一般的衣领，敞开纽扣的衣襟，甚至还有顺其自然的山羊胡子……所有能够显示粗犷和力度的装饰，都成了男子汉形象的外在包装。这种衣饰上的变化，虽然有着时髦和流行的因素，虽然有着20世纪80年代人的观念解放因素，但显然不仅仅是时髦和观念能够解释得了的。中国男性几百年来一直以正襟危坐为自己的形象设计，无论是长衫上的胡桃纽，还是中山装上的风纪扣，都是这种形象设计的完善体现。然而到了80年代的某一天，男性的衣襟突然敞开，从时髦的青年男性开始，很快地，老人孩子纷纷效仿，男性的服饰就是这样地"去男人化"，体现着"男子汉"的外形。

　　《寻找男子汉》寻找到最后，男人没有被造就男子汉，男子汉却改行做了男人。进入90年代之后，"男子汉"这么一个曾经让男性自称过、自豪过的称号，迅速地从每一个生活阶层中消退，直至消失。基本上，汉，代表了有力气没文化，扛大包的、卖苦力的、流大汗的、说粗话的……如今，再也没有人会在大庭广众面前，为自己是男子汉而拍胸脯，代之而起的，是一个最原始、最古老的称呼：男人。

　　王安忆在一篇文章中写道："以往，我是很崇拜高仓健这样的男性的，高大、坚毅、从来不笑，似乎承担着——世界的苦难与责任。可是渐渐地，我对男性的理解越来越平凡了，我希望他能够体谅女人，为女人负担哪怕是洗一只碗的小小的劳动。须男人到虎穴龙潭救女人的机会似乎很少，生活越来越被渺小的琐事充满……男人的责任如果只扮演成一个雄壮的男子汉，让负重的女人欣赏爱戴，那么,男人则是正式地堕落了。所以,我对男影星的迷恋,渐渐地从高仓健身上转移到美国的达斯汀·霍夫曼身上。"

上海人在"男子汉"和"男人"之间寻找黄金交叉点。雷国华当年曾经以导演《寻找男子汉》而著名;事隔21年后的2007年,她公开表示,"男子汉"的标准显然已经不能完全符合社会需要,一场"寻找新绅士"的活动在上海开展起来。她计划将话剧《寻找男子汉》再次搬上话剧舞台并改名为《寻找新绅士》,将"新绅士"的概念以话剧的形式融入当今都市男女的视野里。

当然"寻找新绅士"理念大于现实,却未见得像"寻找男子汉"那样的豪迈,事实上,这个社会最普遍的,也是最适合这个社会生存的,是不需要寻找的上海人。

恰如张爱玲早就分析过的那样:"上海人是传统的中国人加上近代高压生活的磨炼,新旧文化种种畸形产物的交流,结果也许是不甚健康的,但是这里有一种奇异的智慧。"

结婚不久的工人小王第一次去深圳,在沙头角给妻子带回来一条金项链,24K,1100多元,很细很细,在当时也算是奢侈。小王妻子舍不得吃舍不得穿,看到老公带回来这么贵的金项链,咕哝了足足一个晚上。但是从第二天上班开始,她就将金项链一直吊在前胸,穿毛衣时,还特意将项链翻到羊毛衫外面。有女同事眼尖看到了小王妻子衣襟里面的金光闪闪:啊哟,金项链戴好了!小王妻子应了句:是阿拉男人从深圳沙头角带回来格呀。这一句话很有心计地透露出两个信息:阿拉男人待我很好的,阿拉男人刚刚去过深圳。小王妻子还送给了三个最要好的小姐妹一人一双连裤袜,既证明了自己男人去过深圳的事实,更是显示了自己在家里、在自己男人心目中的地位——送礼还要顾及老婆的"小姐妹淘里"。

有一段时间,工厂女工习惯称自己的丈夫为"阿拉男人",似乎比"阿拉爱人"的地位低了很多,称爱人的倒是在文化机关或者新结婚的多一点,但是"阿拉男人"自有零距离的亲切,有一种"打是亲骂是爱"的上海市井味道。如果有小姐妹或者亲戚来串门,看到大衣橱上做了一个大小正合适的橱顶柜,如果看到五斗橱上有一只木壳的半导体,女人就会炫耀一番:格额(这些)是阿拉男人自己做的呀,这只半导体还有短波格。"阿拉男人自己做格",相当于买到出口转内销的商品,看到上面有一行英语:Made in Shanghai——上海制造,总是有一缕一缕舒暖在体内循环。

能量守恒的面子工程

物理学上有一个定律，叫作能量守恒定律。它认为，能量既不会凭空产生，也不会凭空消失，它只能从一种形式转化为另一种形式，或者从一个物体转移到另一种物体，在转化或转移的过程中其总量不变。假如将能量守恒定律来解释男女平等，简直可以这么说，男女平等关系，完全符合能量守恒定律。

尤其是对于上海男人女人来说，世界文明在上海最伟大的发酵，可能就是培育出了上海女人。在上海的都市化进程中，上海女人获得了读书的权利，获得了就业的权利，获得了结婚和离婚的权利；上海女人所获得的政治、文化、精神、肉体的自由权利之历史深长，之普遍涵盖，之现实高度，在中国是没有一个地方可以比拟的，这也就是为什么上海女人可以像巴黎女人一样，具有符号的意义。

远在1931年，当上海女人已经在高桥海滨浴场享受和男人一起游泳的乐趣时，更多内地的女人还裹着小脚；当上海女人已经很自然成为职业妇女时，北方的女人还是像老妈子一样，客人来了不能上桌。上海女人和男人平起平坐的权利，已经发展成为社会的习俗。

这就用得着能量守恒定律了。自由平等像是一瓢清泉，原来这一瓢清泉只有男人独享，没有女人的份。女人获得自由平等的权利了，实际上是和男人分享这一瓢清泉。清泉仅此一瓢，没有第二瓢，女人分享了多少，男人就少喝了多少。女人的自由平等只能以牺牲男人的既得利益作为必要前提。如果说当女人刚刚开始识字扫盲的时候，家务事还是女人的事，那么当女人社会性地成为职业妇女的时候，还需要早班中班夜班三班倒的时候，她们已经无法应对全部的家务，必须由她们的男人承担一部分。这就是男女平等社会给男人带来的"灾难"。

20世纪50年代，上海的女人们组成了妇女劳动大军，从纺织工人到里弄生产组，甚至在理发店里，遍布了女人劳动的身影，上海这座工业城市变成了女人也必须工作的城市。上海男人习惯于做家务事，基本上可以追溯到大跃进时代。其他地域，由于本身不具备工业城市的劳动就业空间，更不具备男女平等的意识，女人没有普遍就业的可能性，所谓的妇女半边天，几乎还是让男人把持着，这就是北方男人地位高的本质。

这还不是上海男人会做家务的全部原因。在全国最浓郁的平等自由、最具有文明意识的城市里，上海男人是全国最早也是最彻底地学会民主的男人。学会民主就是学会让位，就像总统会让位皇帝不会让位一样。上海男人已经具备了把一半天空还给女人的心理和行为的准备。每一个做家务的上海男人，没有一个觉得自己很丢脸。

"出门是贵妇，在家是主妇，床上是荡妇"，这当然是一个段子。在女人地位低下的地域，女人连上桌的资格都没有，当然不可能出门成为贵妇；贵妇当不了，荡妇也没有了着落，只是个生育的工具。而上海男人足以希望自己女人"三妇合一"，她是适宜的，有精神生活的，带得出去的，她是贤惠的持家的，她也是情趣高涨的激荡的。上海男人既是把妻子的"三妇合一"当作自己的生活追求，也是把妻子的"三妇合一"当作自己必须共同参与的义务。

就像青年工人小王,到了礼拜天早上,会戴了围兜烧菜的。更多时候,小王喜欢戴一副袖套,擦自行车,做大扫除,地板打蜡,剃头,袖套是必备的。上海男人爱干净要面子的,不管走到什么地方,夹克、羊毛衫、衬衫上面是不能有一点点滴滴答答污渍的,袖口更不能像刮刀布一样发亮。做好事体,围兜袖套照样洗得干干净净。他的妻子在干什么呢?妻子当然也是在做家务,要换被单,要汰衣裳,哪怕是男人的节约领照样像衬衫一样汰,要晒霉,小小亭子间里的"三十六只脚"纤尘不染,有做不光的事情,空下来,还要结绒线衫,老公儿子、公婆,还有自己的绒线衫,结了拆拆了结,没空的。常常也就是讨得人家的一两句好话:伊拉屋里清爽是清爽得来,像五星级宾馆一样,伊绒线衫结得老好哎,花样赫灵……

上海人讲究面子。从石库门亭子间搬进了新居之后,小王和妻子袖套倒是不戴了,不是不再做家务,而是改穿家庭工作服了——与之匹配的是,人家也不叫小王改称老王了。每天晚上,两夫妻都要做一遍通透的家庭卫生工作,厨房、厅、卧室,所有的墙面桌面地面都擦一遍,一个半小时,天天如此。有人劝他们不必如此讲究,老王依旧是呵呵一笑,不吃力格,就算是锻炼身体。

并不是所有亭子间里的男女主人都会戴了袖套揩不停汰不停。挤在亭子间,甚至比亭子间还要糟糕的人,抬头就能看到弄堂外面真正的上海,没有一个人的心是安分的。在上海,最勤快的男女和最懒惰的男女都出没在这里,聚焦成为两种不安分:一种不安分是像小王夫妇一样,要在亭子间借天借地,改天换地;还有一种不安分是对亭子间,更是对自己作天作地的信心彻底泯灭。穷则思变思到了瞎七搭八的地方。

淮海中路的淮海公园最初是一座外国坟山。现在想得明白,外国坟山是一个花园式的墓地,改造成花园并不需要花很大力气,而且也没有中国人墓地的阴气和荒杂,有林荫,有石凳,很小巧的公园,从前门走进后门走出也就 10 分钟不到。

两个女人在公园的小路上笃悠悠地散步,一看就是上海女人的穿戴,虽然没有一件是名牌的,但是清清爽爽,颜色搭配一点不输给有钱人。四十多岁的样子,没有什么化妆,姿色是谈不上的,一条真丝围巾显出些许妩媚;斜背了一只包,走过去,又走过来,又走过去……没有丝毫的异样,像是小姐妹淘里在聊自己的男人和孩子。只是两个女人的眼睛并不互相对视,而是闪烁在周边的男人身上。有个男人经过,几乎是在擦肩而过之际,其中一个女人很柔声细气说了句上海话:先生,要去白相哦?

上海曾经破获过这样的案子,很难按照通常的法规去处理。尤其那些女性,她们都是有家庭的,她们将这种收入贴补家用,还承担着家庭的义务和责任,她们也有自己的面子工程,也讲究守恒,不过她们的"工程"完全错了。据说后来都是以柔性教育处理的,让她们的家庭可以继续维护下去……

当然这都已经是多年前的事情了,后来随着年龄和社会生存状态的变化,这个年龄层渐渐太平了。她们拿到了退休工资,加入了大妈的行列,每天晚上在某一个绿地跳广场舞,很放松,很坦荡。

后手棋自有后手的杀招

在一个初次见面饭桌上，有上海男人，有北方男人，还有几个上海女人。上海女人自然是温婉和适宜的那种，尤其是其中一两个有被公认的加分因素：漂亮和风情。

同桌的男人，不管是上海的还是北方的，都有些动容动心。这说明两个地方的男人对女人的审美取向是一致的。上海男人理当占尽近水楼台先得月的主场先机，不仅是同为上海人，而且还坐在了那一两个女人的旁边，但首先发起进攻，还初见成效的是北方男人。北方男人就是有这么一串串妙语连珠，说说俺们北方旮旯，说说上海女人，说说准黄色段子，有点点油，有点点色，有点点幽默，说得上海女人笑出了声音，而且感觉得到这笑声一点不是在礼节性的敷衍。彼此的陌生和矜持经不住北方男人的扫荡。到了你一杯我一杯的时候，更加是北方男人的独霸天下，豪爽地喝，而且还豪爽得有理由，同样的顺口溜，从北方男人的嘴里说出来，就是那么顺口。上海女人平素是很少喝酒的，在公众场合更是清茶一杯居多，北方男人绕着桌走过来，三分是酒力，七分是性情，向上海女人敬酒。上海女人婉谢，北方男人自己就把酒喝了，上海女人再婉谢，北方男人又把酒喝了，还对上海女人说：醉卧沙场几人回？醉卧上海是幸会……上海女人不再婉谢，倒是婉约了。

英雄和英雄主义属于北方男人。上海男人虽然也是对那一两个上海女人有所心思，虽然也是谈吐不凡，而且还很有儒雅绅士的风度，就是比不过北方男人的三寸不烂之舌，更加比不过北方男人的咄咄逼人。如果说上海男人是在摸着女人的心思过河，那么北方男人想也不想跳下了河。上海男人顾虑的是分寸的拿捏，北方男人图谋的是拿捏的分寸。当上海男人还在维系自己和北方男人之间初次见面的礼仪面纱，北方男人已经对上海男人熟视无睹了。这一个晚上，上海男人注定是陪客：不酷，不帅，不生猛，不张扬，不热烈……

这不是一个个案，是普遍的场景。在上海男人和北方男人的"模糊情感"对决中，北方男人胜率很高，胜就胜在气势上，胜就胜在粗犷上，胜就胜在临场发挥上。当然也需要一些基本条件：第一，以二十二三岁以下涉世不深的女孩为限，她们向往的是非常男人的男人，其实也就是英雄主义的情结；第二，初次见面，倒不是说北方人不具备"日久见人心"的品质，而是说上海男人会展现"路遥知马力"的底气。

如果说上海女人是"后天美女"，那么上海男人是"后手男人"了。"后天美女"的意思是，上海本不是出产美女的地方，凡出产美女的地方都可以以妹相称：四川有川妹，湖南有湘妹，哈尔滨有哈妹，扬州有林妹妹……但是上海女人最会打扮，最擅长凸现自己的城市格调，这一切都是来自后天环境的耳濡目染，所以称上海女人是"后天美女"一点也不过分。上海男人之"后手"，当然不是长相如何，而是性格之"后手"。"先下手为强"是公共社会关系的赢者，按照博弈论的观点，凡是先手者必有活路，这也就是为什么围棋先手要贴目的原因，只是"先下手为强"不是上海男人普遍的特长，上海男人常常认命于后手，并且也有后手理论：后发制人。

后手的性格依旧是和上海都市化发展与租界文化浸染有关。在都市化发展中，上海人的理性思维得到了提升，上海人的礼仪谦让得到了普及。在租界文化中，上海人谨慎矜持有加，观察能力得到了加强。上海男人适应了处处讲礼貌、事事讲规则的都市生活。上海律师不论是知名度还是人数在国内都是首屈一指，这其中就有上海男人都市化生存能力的体现：讲规则，讲道理。

在都市化生活中，人与人之间是应该谦让的，把先手权礼让给对方，即使在女人面前炫耀，也是要讲究绅士风度的。只是当风度过于矜持的时候，后手也就失去了最后的时机。尤其是当这个城市几乎像是一夜之间涌进了成千上万的"争先"的外地人之时。

上海男人大多是后手男人。不是他希望后手，而是他不习惯先手。

曾经有过一盘棋，是常昊对局韩国李昌镐，一开局，常昊就处于下风，中盘阶段几乎回天乏术。常昊的师傅、正在做电视转播的聂卫平，感叹自己的徒弟棋风太软等着束手就擒。话音刚落，聂卫平看着棋谱惊奇而不敢相信，常昊走了一步险棋，也是一步充满杀性的棋，根本不像是他，却偏偏是他；常昊就此展开绝地反击，最后赢了这一局棋。所有媒体都称赞常昊罕见的杀性，有人说，假如常昊以后把这种杀性糅合进自己的棋风里，那么常昊就是天下无敌。聂卫平纠正说，不可能的，如果常昊每一步棋都充满杀性，那么他就不是常昊了，常昊只有绝地反击的时候才会露出杀性。

绝地反击给予"后手男人"带来两种可能，一种可能是被对方占尽先机，连绝地反击的机会都没有；另一种可能因为敦厚甚至偏软，也释放出若干软弱的假象，及至绝地反击的时候，必定是致命的一剑封喉。

逍遥派常常是三脚猫

　　上海男人有私房钱似乎是一个公认的事实。私房钱是零花钱的延伸，当一个男人有零花钱的时候，意味着他不是这个家里的财政部长，柴米油盐酱醋茶吃用开销，统统由女人负责。上海女人是会计算的女人，同样买东西，女人买回来的就是比男人便宜，当下网购，做得最得心应手的当是女人，所以上海男人乐得坐享其成，把经济大权拱手相让于女人。甚至上海男人在家里更愿意做一个彻底的无产阶级，家里所有的存款开户名，用的都是女人的名字。某男人说，让伊开心一点有啥不好？讲到底，名字写谁都是婚后共同财产。

　　北方有一些地方家里的财政部长是男人，女人买菜买东西要记账，由男人报销，因为钱在男人手里掌控，这是大房钱，私房钱就不需要了，让女人去藏着掖着，塞一点给自己的爹娘，给自己一点点活络。男女当家的角色转换，决定了上海男人形式上被领导的地位，之所以是形式上的被领导，因为大部分家庭的"总统"角色，是男人，女人是家庭的CEO——首席执行官。如果要买房子，要买汽车，男人的话就有了分量。

　　上海男人的零花钱花到哪里去了？——上海男人历来是有一些业余爱好的，八小时以外是我的自由，也包含了八小时以外的爱好。在最苍白的年代里，上海男人的爱好一直延续着。

　　航模，集邮，淮国旧，虬江路，中央商场，音响商店，花鸟市场，照相器材……都是男人的世界。

人的热情也是能量守恒的,当生活有了热情之后,革命热情就热不起来了。"文革"时期各种造反派组织风起云涌,上海却还有一个不成派的最大派:逍遥派。逍遥派不参加造反派,逍遥于各派之外,大批判大字报口诛笔伐他们不参加,抄家、游行他们不参加,文攻武卫他们不参加,打砸抢他们更不会参加,逍遥派由此而来。

如果就此延伸观察,上海男人自从20世纪50年代以来,逍遥派有相当部分。曾经有人做过不权威的统计,逍遥派,有一部分来自资产阶级家庭,他们本来就没有资格参加造反派;还有一部分逍遥派的家庭出身是职员,可以参加造反派,但是他们也都自行逍遥起来。上海开埠以来的都市规则和他们所受到的家庭教育,决定了他们不可能去武斗,去打砸抢。所以"文革"期间虽然世风日下,而上海武斗很少。

逍遥派还有更实际的意思,逍遥派是自得其乐的,乐在逍遥之中。他们学书法,学篆刻,学吹拉弹唱,装半导体无线电,听短波,踏缝纫机,还有更多的是偷偷摸摸地自习数理化。"文革"后涌现的一代艺术家、书法家、画家几乎都是逍遥派,"文革"后第一次高考中状元的,也大多是逍遥派。

根深蒂固的,上海男人有学得一技之长的心理。这一技之长,可能是他的职业一技之长,上海盛产技术革新能手与一技之长的心理有关;也可能是生活的一技之长,敲阁楼,修自来水龙头,属于全能型的;也可能是和艺术相关,会吹口琴,吹笛子,拉手风琴,还懂一些好莱坞、交响乐……嘎起三胡来(沪语,聊起天来),上至天文地理,下至鸡毛蒜皮,样样事情都知道一点。这种男人,有一个很奇特的称号:三脚猫。如果一个专业者被称为三脚猫,那是贬称，如果一个业余者被称为三脚猫，那就是对他的肯定了。

上海三脚猫男人不少，因为上海女人希望自己的男人是一个文武双全的男人。大凡三脚猫男人，在自己的专业上往往是最结棍的，是个业务上的高手。

"三脚猫"会把自己的零花钱用在了"万宝全书"上。"万宝全书"并不是书，是对"三脚猫"的最高评价，样样事体都可以去问"三脚猫"，他们像一本全书，还是万宝全书。当然上海人是懂得分寸拿捏的，"万宝全书"是一个太神圣的概念，像是一座宝塔，不太符合上海人的矜持风格，就削掉它一个角吧，于是"万宝全书缺只角"，就是样样都懂的男人的绰号，甚至也是这种男人的自夸。

万宝全书的男人即使没了工作，照样还是万宝全书缺只角的风格，邻居之间也罢，棋牌室也罢，照样还是活络得不得了，要是谁哪里说错了搞错了，万宝全书"捉板头"（纠错）的力气还是嘎大，他们的女人照样倒也很是体谅，吃香烟的钞票、搓麻将的钞票，一点也没少给他们。

"万宝全书"大部分没有很高的学历，更是少见知识分子，可能就是厂里的工人，商店里的营业员，也没有家庭的文化背景，但是他们说起来真是头头是道，做起来真是面面俱到，爱好起来出奇制胜。

上海人的白相爱好是有点知识性的，绝少有人会有体力型的壮举，比如骑自行车全国漫游，比如倒着游泳倒着走路，比如自制一双几十公斤重的铁靴，来一个"雄关漫道真如铁"的呐喊，上海很少有这样的实例，即使有也不会被公众舆论引为大上海的美谈，大约会如此不屑：吃饱饭没事体做。

上海男人之"男"

上海男人很难，难就难在了"男"字上。

从中国古人造字的角度分析，"男"有责权利的角色定义，那就是"田"和"力"的组合。男人要有田地，男人要在田地里劳作，男人劳作要有力气；在田地里劳作的人是男人。我没有考证过英语，男人的 man，似乎没有什么对男人责权利的规定；在中国人的传统美德中，对男人的考核标准是田地里的苦力活。

这就委屈了上海男人。从上海开埠那一天起，上海男人就输了。到了"大上海"的份上，上海男人更是输得精光了。

虽然上海也有人种地，但是上海的主流人群是市民而不是农民；况且，上海郊县纷纷撤县改区，原来的十个县，2016 年崇明县也变成崇明区了。在中国大陆所有的行政区划中，唯有上海如此。撤县改区的核心，在于农业户口改为城市户口，由农民改为市民。这也意味着，在上海，由"田"和"力"组合的男人愈加减少，即使原先有点力气的，也因为田的丧失而退化了力气。

上海男人没有公家地，也没有自留地，不可能在田地里干活，顶多是在阳台上弄弄花草；不干农活，气力也就式微，要是举行全国掰手腕、拔河比赛，上海男人断不会有什么好成绩。夏日里北方多有"膀爷"（赤膊男人）满街跑，上海少，除开文明和审美，也因为北方膀爷的肱二头肌三头肌很是发达，像女人的胸围一样值得炫耀。

不要以为"男"已经脱离了古人造字的原意,实际上,上海男人被称之为缺少男子汉的气概,多多少少还留着对古人"田地里劳作"的会意。上海是一个只有"市区"没有"郊县"的城市。于是,上海人和其他地域人的心气、力气、脾气上就不同;并且这一种心气、力气、脾气的不同,几乎是以上海为一方,以其他地方为另一方不经意地展开。于是上海人的另类,在没有田地的上海马路上,生根开花结果。

没有了田地里劳作,上海男人之"男"逊色很多,但是也因为缺乏田地里劳作的自然条件,给予生于兹长于兹的男人一个取于"田"而悖于"田"的出路。上海简称"申",简直就是天意,太有意想不到的意思了。"申"是从"田"的困境中硬生生杀出两条路来。20 世纪 50 年代之前,上海就有"申报",贯穿上海市中心交通的内环线和延安路高架,恰恰也是"申"字形的组合,说明"申"这一个字在上海的生命力。

牵强附会地说,"申"就是上海男人的性格。当"申"从"田"中脱颖而出时,它换一种活法了,它出人头地了。被申贯通的"田",将农田的阡陌交通,化为城市的十字路口。如果说,"田"中人,不免为田所困,那么,"申"中人,不管你处在什么角落什么层面,虽然颇有走迷宫的困难,但是用心地走,总是能找到出口。所谓条条大路通罗马,在"申"字中,看到了最精辟、最激动人心的注解。

"田"变成了"申","力"也就没有了炫耀。

上海男人也就是"申男人",上海男人的心气、力气、脾气,因为"申"而自成体系。

推而广之，上海人，不管男女，皆然。

"申"是从"田"中找到的活路。上海人对路有天生的好感和亲近，不仅因为路是自己的生存方向，也因为，路就是自己的生存方式，这一个生存方式就是"路数"。

一个上海人可以贫穷，可以卑微，可以一事无成，但是不可以被人家耻笑路数不清。

在《上海女人》中，我发现了可以贴切形容上海女人的两个字：适宜。适宜是上海女人的标识，具有唯一性和不可替代性。面对上海男人，我找到的是"路数"。路数是上海男人的标识。和适宜一样，路数也是可以意会而难以言传。我请教过许多人，谁都认同上海男人最讲路数，而且对路数的内涵十分明白，但是几乎谁都讲不明白、讲不透彻路数到底是什么，路数包括了什么。路数是思维方式，路数是待人接物，路数是领导能力，路数是邻里关系，路数是不卑不亢……又不完全是。代表了北方话的《现代汉语词典》，没有"路数"，只有"路子"，显然路子与路数貌不合神更离，"路子"在于正与歪，"路数"在于清与浊。至于《现代英汉词典》，将路数解释为"the way"，也不是上海男人心中的路数。

上海人的路数，就像只有上海有外滩，就像只有上海有上海闲话。果然，在一本《简明吴方言词典》中，找到了"路数"的前世今生。值得叹谓的是，这本词典并不是如今的时尚沪语，而是1986年的老古董，并且是由权威的上海辞书出版社作为词典出版。"路数"也即"路道"的一个解释：指人的行径。这一个"路数"词条，证明了路数的上海属性。

有一种观点认为，归根到底，语言是意识形态；这过于深奥了点；但是完全可以平铺直叙地说，语言是某一个地方的生存意识和生存形态。上海石库门生活空间的战争与和平，上海红绿灯下的服从与对抗，上海男人女人的平等与暗算，上海贫富之间的羡慕与不屑，上海上只角与下只角的隔膜与渗透……都可以发现路数像毛细血管一样遍布上海所有的神经末梢。

"申"应该是路数的形象工程。每个人都可以找到入口和出口，但互相之间的线路是有规定的，不能随意攀爬，不能随意逾越，不能为所欲为。游戏规则，在"申"中，毋宁说是在上海男人之中，是路数之首。

没规矩不成方圆，没路数不成上海男人，甚而，没路数不成上海人。

再有成就的上海男人，也会有他的生存路数。甚至顺着某一个人的路数，可以找到属于上海男人共性的路数。

路·痕

"繁花"之外的繁花

某一日,有一张舞台剧照"流出"。两位说书先生,身着长衫,手执折扇,倒也不乏飘逸。上手是著名评弹艺术家、吴韵一哥高博文,下手竟然是我,一个从未唱过评弹、也从未穿过长衫的人。和高博文同台,我梦都没做过。不过这一张剧照是真实的,一时间朋友圈闹猛煞了,我也不好"不响"了。

这一张剧照,来自一次富有想象力的策划。

著名作家金宇澄的《繁花》,是享誉全社会的,也因此,"繁花"两个字也成了一个社会文化符号。2018年年底,上海银行博物馆馆长、《行家》杂志总编黄沂海冒出灵感,策划了一个视角独具的专题,以《繁花》为由头,以评弹《高博文说"繁花"》为开篇,做一个海派财经生活金装版"繁花似金,摘几朵静赏"专题,约请上海评弹团团长高博文和我合作,高博文继续说评弹"繁花",我则是漫写社会"繁花"。

既然由评弹切入,评弹的模样必不可少。黄沂海馆长由一个灵感跳跃到另一个灵感,让我和高博文在最专业的"乡音书场"同台。这实在是件尴尬却美妙的事情。尴尬在于我没有穿长衫的经历,美妙不只是穿了还像样,还因为有高博文在上手指点迷津,我也就松弛,最重要的,毕竟和吴韵一哥同台过了。

同台之后要写文章了。提起笔来——不,是打开手提,想到了几十年来的生活金融之繁花,倒是用得上那一个久违了的成语:心潮起伏。

贴花时代拼读书

"贴花"是银行的储蓄品种。

久违了。零存整取，最小面额1元。所谓"贴花"，是自己贴上去的。银行有专用的空白存单，买好后一张一张粘贴上去。比如一个月买4元贴花，那就是4张1元，贴满12个月，到了第13个月，领出来48元的本钱；买两份，就是96元，加上利息大概是2元多，会过日子的上海人，会再加上2元凑满100元，存一年，零存整取便上升为整存整取了。

"贴花"是银行的储蓄品种，也是时代象征，那一个时代就是"贴花时代"——每一个人都要紧紧贴上时代的。稍稍没有贴住，会被时代抛弃。

比如读书。我们有过全民炒股的年代，我们更有过全民读书的时代。太空时代喝果珍，贴花时代拼读书。

学历吃香了，读书也就吃香了，买书的商店也吃香了。

四十多年前，一个女同学毕业分配到南东新华书店。还处于"文革"末期的新华书店，除了毛选、样板戏般的小说书，当然还有《新华字典》，就没有别的什么书了。天冷了，女同学整天手里焐只热水袋。新华书店是清水衙门，与人互惠的筹码一点也没有，人家百货商店有后门可以开，连得煤球店也有互相开后门的筹码，谁会想到书店开后门？冬天焐了热水袋，手上还是长了冻疮。

1977年高考恢复了。"数理化自学丛书"在新华书店上柜了。

几十万名考生都有同样的意念，只要自学了"数理化自学丛书"，就可以考进大学。学好数理化，走遍天下都不怕！

那时候已经是夏天，书店天花板上的几个吊扇微不足道地转悠着，店堂里弥散着汗酸臭。女同学穿了短袖子衬衫，汗从额上淌下。17本一套的"数理化丛书"蛮重了，瘦小的女同学一天不知要搬多少套。有人从女同学手里开后门买走了"数理化自学丛书"，这是女同学第一次"刷"出了开后门的成就感。

《繁花》有这么一个情节：顺应时代，沪生积极进取，报考夜校进修法律，夜校班里有个女生叫梅瑞，在外贸公司工作，对沪生十分中意，沪生和梅瑞开始约会了……

那个女同学，可能就是梅瑞。

后来也没有几个人买了书而考上大学。1977年上海的考生有26万之多，入学率是5%，另外的95%考生"贴花"没有贴上去。后来也有人继续"贴"，业余大学能"贴"上去也不错，后来在干部知识化年轻化革命化专业化的培养中，终于"贴"上去了。

当然，也可以去"贴"咖啡馆，乘机也再"贴"女朋友。

那时候还有淮海电影院，电影院的地下室有一个很著名的咖啡馆"巴黎咖啡"。在这个地下室里，诞生了若干时尚的事件和被时尚追逐的人物。至今还有些许五六十岁的人津津有味说起当年自己在巴黎咖啡厅的意气风发，朗读自己文章，争辩艺术主张，文艺青年真的很文艺。"愤青"这个词产生在那一个年代；当然也一定夹带着在女文艺青年面前使小计，说大话。

巴黎咖啡厅最难忘在于透不过气。地下室的排气能力极其低下，每一次都是在几乎要窒息的时候，新鲜的空气灌了进来，如同吸氧一样的贪婪,但是要不了五分钟,烟又变成了雾,又渐渐将人逼向窒息。

那个看着对面卡座男人使小计说大话的,可能就是梅瑞。

有奖储蓄靠刺激

有奖储蓄的核心价值在于有奖。有奖的本义是,当一件事情的发展在常态下遇到困难时,需要通过奖励,来推动乃至刺激这件事情的发展和完成。

在经历过了20世纪70年代末80年代初"年轻的朋友来相会"式短暂的亢奋和热望之后,奖励奖金成了决定生活态度的重要选项,连储蓄都需要"物质刺激"了。特等奖是14吋彩电。开奖时刻电视直播。"刺激"两个字也得到了中性的解释。这个社会靠精神刺激了很久,有一天要靠社会规律来刺激了。

1983年2月21日的上午,上海静安区胶州路农贸市场。卖冬笋的个体户姜安如戴着手套在斩冬笋。听得有个四川口音问:这冬笋卖什么价钱?姜安如只是随口回答了一句,还是低头斩他的冬笋。也许觉得客人的四川口音有些异样,姜安如抬头看了看。这一看,把57岁的姜安如惊呆了。站在冬笋摊面前的,竟是邓小平!后来新华社的报道将这一瞬间确认于9时05分,强烈凸现出这一瞬间的里程碑意义。

很久以后,姜安如老人还清晰地记得当年的场景。事后,菜场里认识和不认识的小贩都争着和他握手,因为他的手被邓小平握过了,意味着他们,以及在他们身后代表着的群体,得到了中国最高领导人的肯定。

　　这个至高无上的待遇也洗刷了个体户与生俱来的胎记:"万元户";虽然那时候一万元简直是一个高山仰止的天文数字,而且也可以说,诸多老板当年的第一桶金,当年的第一次原始积累,就是来自万元户,但是"万元户"三个字所涵盖的意义,几乎没有任何褒义的色彩:暴发户,为富不仁,走私,赌博,肮脏……有两个万元户为了抢一个女人,十元"大团结"你一张我一张地烧,眼睛也不眨,假如当年百元大钞已经问世,那么"大团结"还不够争风吃醋的资格。桌上一瓶XO,两个人端起来,就当作黄酒喝。"男人不坏,女人不爱""男人一有钱就变坏"这些风月潜规则诞生于兹,"巴子"这个刻薄的绰号仿佛是在万元户的胎记上又划了一刀。

　　第一批卖电子表牛仔裤的,第一批卖外烟的,可以称他们是卖走私货,也可以称他们是第一批做外贸生意的,只是不合法。当年"外贸生意",像煞是人人都想做,做了就发财的,有马海毛生意,有钢铁生意,有灯芯绒生意……有一天,有人鼓动我一起做一笔拆旧船生意,外国报废轮船开过来,在崇明冲滩,拆一条船,可以赚多少万,还是美元折算过来。钱,我真是要,有刺激的,不过这生意也太大了。我说,连木船我都不会拆,怎么去拆报废的万吨轮?都有人和我这种从来不懂生意的人谈起生意来了,说明外贸生意真是红火了。

　　后来还真有人从划黄鳝做到了西方圣诞卡,虽然两只行当相差十万八千里,都是生意,文雅地说,都是贸易,区别只在于,国内贸易和国际贸易。

　　巧了。《繁花》里有这么一句:"沪生经过静安寺菜场,听见有人招呼,沪生一看,是陶陶,前女朋友梅瑞的邻居。"

这一个静安寺菜场,就是胶州路菜场,在静安寺北面。不知道1983年的辰光,陶陶是不是认识卖冬笋的姜安如。

"保"是吃力的

1988年某一天,上海所有的店家疯狂排队,疯狂抢购,银行则是疯狂排队,疯狂取钱。1950年以来第一次通货膨胀开始了。而后银行推出了"保值储蓄",最高八年期的保值储蓄,利息真是高了。老头老太太起劲地加入了保值储蓄,算来算去八年后1000元可以变成多少;后来在90年代初,银行再一次提高保值储蓄的利率,老头老太太更加高兴。八年后通货膨胀下降了很多,保值储蓄赚了,不过,有不少老头老太太没有等到八年后,走了。凡事,到了"保"的时候,像保胎、保心、保命,很重要,也很吃力。

像做小开的一类人,本来家里连佣人都是吃香的,后来家族资产公私合营了,细软也就到了需要保值的时候。再后来,这些东西抄家抄掉,留下的是没有钱没有职业的人,"值"不再,保也枉然。

有一个小开,资本家的儿子,如今算是老克勒了。小开高中毕业后工作,也没想工作,吃吃定息,还有12只钢琴出租,日子好过的。三十四五岁的年纪,轧了一个20岁的社会青年女朋友。所谓"社会青年",是"文革"前初中高中毕业后上不了学且不愿去农村务农、在家里闲生活的青年。因为年龄相差十几岁,小姑娘背后是被人家骂的:"文革"前靠租钢琴吃饭的小开被称作无业人员,而婚姻双方差十几岁是不能想象的事情。小开带着小姑娘秘密幽会,去吃西餐,去看电影看话剧。其实当时的话剧和电影都已经是极其革命的了,比如《年青一代》是完全反资产阶级生活的,但是看话剧的本身又是十足的小资产阶级生活方式的。

小开是见过世面的,也是会白相的。他是小姑娘摩登生活的启蒙老师。他把小姑娘从一个不懂刀叉两手分工的小姑娘,调教到了熟知淮海路每一个西菜社的国别流派。

后来"文革"了,定息没了,12只钢琴抄家抄掉了。小开没了经济来源,最后落草到了里弄生产组做生活。那一个社会青年小姑娘,也是到了里弄生产组工作,算是一个单位,不过,朋友是轧不下去了。"文革"后,小开去香港继承遗产。那个不小的小姑娘,也早为人妻。

我曾经写过一篇文章《这个城市送别了老克勒》。我以为,老克勒是这座城市美丽的意外,而这一段美丽的意外,恰恰又是和老克勒经历的最苦涩年代有关。他们年少时代快乐过,享受过,修炼过,几乎是上海城市生活的独享者。老克勒本身是因为社会苍白方显示他们的彩色,当社会彩色时,他们已经不再有Colour之优,那一个年代没有了,老克勒的特殊身份没有了,他们存在的理由也不存在了。做一个稍稍夸张的比喻,老克勒是上海这一座城市曾经的恐龙,他们会一直闪现在人们的记忆里,却不会有真实的后代。

当年的老克勒,现在跑到马路上,拦出租拦不到,饭店里菜单看不懂,手机微信支付宝就不谈了,除了老,还有什么好克勒?

文章发表后,些许"老克勒"不悦。他们说,马老师你就是老克勒啊。我说,老克勒只可能是做过小开的人,我只做过小赤佬。

身边总有精算师

"我是1988年从工厂辞职的,把自己的铁饭碗扔下之后,在家里躺了两个礼拜,那两周做的另外一件事情,就是看报纸——在4月初的一天,一条新闻引起了我的注意:1988年4月21日,中国将开放国库券交易。"

说这段话的人是当年家喻户晓的"杨百万"杨怀定,他是"倒卖"国库券起家的。那时候,我们在单位都按照规定、按照工资的百分比认购过国库券,其实就是必须买,于是也就蔑视国库券,放弃利息本金出手不在少数,没什么人想到过国库券是有赚头,而且还是有大赚头的。

没办法,我们在这个社会里的算度,只限于加减乘除四则运算,至于开根号、两次方……是精算师的事情。杨怀定属于精算师。

一个精算师,便是一个有利润空间领域里的"牛头",跟着"牛头"转悠的,是每一个利润空间的黄牛了。

在计划经济时代,中国经历了几十年票证时代,粮票布票油票……一切皆因供不应求。到了商品经济时代,票证渐行渐远,但是新的证券应运而生:国库券、兑换券、外币、免税品额度、汽油票、月饼票、购物卡,乃至电影票、音乐会,于是有了新证券时代。

凡是有利润的空间必有黄牛的存在。尤其是到了新证券时代,市场经济创造了新证券时代,新证券时代滋生了新一代黄牛。黄牛,是新证券时代的价值温度计。

有一条弄堂,曾经非常著名。陕西南路"25弄",不过所有人只叫它"25弄"。八九十年代,公费出国的人知道,黄牛同样知道——"中国出国人员销售外汇进口免税商品",向出国人员供应免税商品是当年一项特许政策,出国回来可以免税购买一大件……它坐落在25弄内。全上海智商最高的黄牛,在25弄弄堂口做"外贸生意",美元英镑日币的买入卖出,免税商品的差额,凡黄牛书是读不好的,不过他们的"外贸生意",大学数学系教授也做不来的。

淮海中路1469号,乌鲁木齐路口,美国领事馆。当年领事馆大门便是开在路口。据说,某一天早晨总领事先生醒来,推开窗户有点吃惊,领事馆外面为什么有那么多的中国人搭了一张张活动床(实际上是躺椅),睡在了领事馆外的人行道上?What are they doing(他们要干什么)?有人乘了电车经过此地,也生疑问,这个上只角一直冷冷清清,怎么也会每天排队的?80年代末至90年代,是上海的青年男女与美领馆关系最频繁的时期,自费赴美留学就在此等候:签证。

签证签出来,要换美元,也换日元澳元。当年银行还没有这等业务,于是黄牛便是汇率,而且这汇率就是科学合理,银行里挂的外汇汇率也就是挂挂而已。美元一涨再涨,连不出国的老先生也要调点,1比10吃进,到现在还没有解套。

《繁花》里有一个头子活络的女人陶陶,眼睛滴溜滚圆,没什么话讲不出,没什么事做不出,没什么门道看不清。就算是做大闸蟹生意了,陶陶还是有多项兼营的业务,绝对也是草根精算师一枚。

认购和认购者

话说股票认购证刚刚在银行推出的时候,没什么人响应,30元一张认购证，在当时还是蛮高的数额。听说银行对职工有推销奖励制度，比如推销一张提成几元，为此倒是激励了银行员工的推销积极性。某位员工在亲眷朋友当中热情推销，人家也拗不过面子，买了几张几十张，结果这位员工推销掉了上千张，令人羡慕地领走了几千元提成。后来买认购证的人大发了一笔，亲眷朋友都感谢这位银行员工的仙人指路。也有人问，你自己买了多少啊？这一下"澳门痛"了，这位银行员工自己一张也没有买过。

认购证"认购"两个字很有意思。它是认购股票，但是钻一下牛角尖，"认购"恰恰是那个时代的特征：开放性地、自主化地选择生活方式，犹如是在对某一种生活方式的认购。认购意味着充满了浪漫幻想的，认购意味着是要花代价的，认购也意味着结果是不可知的。

每个人都在不同的生活状态中选择了不同的认购对象。

有人认购了自费留学，有人认购了仕途，有人认购了下海跳槽，有人认购了买房，有人认购了男欢女爱……时代五花八门，认购琳琅满目。

在洋插队早就落幕后的 2016 年，有一部纪录片《含泪活着》，让人重新回味起"认购"洋插队的艰辛。这是最普通的上海人的真实故事。

经历了十年动乱，知青丁尚彪和妻子返城回到上海，学业中断，身无一技之长，令他在这个充满变革的社会里举步维艰。在朋友的鼓励下，丁尚彪 1989 年飞往日本，名义上是学语言，实际上是打工赚钱，没多久就"黑"掉了。丁尚彪和妻子从此天各一方。丁尚彪拼尽全力打工，只为将女儿送往美国留学。15 年后"梦想成真"，女儿去美国留学了，丁尚彪远离妻子15年后，终于回到了上海。

影片中有一个细节，幽默而心酸，还渗透了中国的传统文化，相信没有一个编剧编得出来。男人黑在日本，妻子留守在上海。12年后，妻子借着女儿去美国留学的机会，终于可以去日本和丈夫见上一面了。妻子虽然相信自己男人老实，但是常常听到别人家男人在日本变心的故事。12年单身在外，男人是不是也会花叉叉？妻子心里没底。到了日本，男人带着她去自己租的房子，很狭窄，且没有淋浴，一切都是为了省钱。待到晚上就寝时，女人撩开被子，看见了被子下的一个大红鸳鸯枕头套。妻子抬眼看男人，男人慈厚地微笑：你来了，今天就用这个枕头套。原来这个枕头套是结婚时妻子的嫁妆，来日本时，妻子给了男人一个枕头套，另一个自己留着……老实善良的男女，也有自己的信物。

这一个"洋插队"的认购故事，几乎就是不离不弃的绝代双骄了。

认购证时代，让人想入非非，让人踌躇满志，让人唏嘘慨叹，让人后悔不迭……谁认购，谁负责。

在这个时代，每一个人都是认购者，同时也是被认购的对象。

用柳青《创业史》的开首语来小结，应该是最恰当的了——人生的道路虽然漫长，但紧要处往往只有几步。

享天享地之余……

还是在20世纪80年代，我们就见到过BB机，只是我们没有看懂这家伙是派什么用场，更不知道如何使用这家伙。某天夜里，电视台在重播美国电影《第一滴血》，史泰龙腰间一个黑色长方体发出了声响，他低头一看，说某某在找他，立即调转车头，改变行程。也是在这一部电影中，我还见到了 GPS，丛林中的史泰龙，是靠着 GPS 杀出重围的。

BB 机的学名是无线寻呼接收机，GPS 是英文 Global Positioning System（全球定位系统）的简称，起始于 1958 年美国军方的一个项目，1964 年投入使用。

史泰龙一定不会想到，拍电影时候还算得上美国特工的高端装备，没多少年，转化为全世界的民用，那就是共享时代的萌发。千万不要小看 BB 机的历史作用，智能手机今天霸道全世界，最初的科技与智慧的积累，始于 BB 机。

中国人，尤其是男人，腰里似乎总是要别一个什么东西，腰才会硬扎。几十年前男人腰里别的是钥匙，一只钥匙圈里有十几把钥匙，大到办公室钥匙，小到牛奶箱钥匙，脚踏车踏起来，没有铃也会听到叮叮当当。后来钥匙圈旁边又别了一只打火机。随着 BB 机上位，钥匙圈彻底打入冷宫了，打火机若是叫得响牌子，还好充当 BB 机的随从。

BB 机让人有了野心，紧接着，心也就野出去了。当一个人信息接收量突然成倍增加时，他利用信息的价值和被信息利用的价值都被提升了。办公室里，好端端坐着，拷机"滴滴"声响，便有了工作以外的心思。家里，懒洋洋躺在沙发上，拷机"滴滴"声响，便有了家以外的动向。不管好事坏事正事歪事，BB 机都提高了成功率。

有一家BB机公司号称国脉，还认领了无轨电车，太夸张了，要是叫作"人脉"倒还妥帖一点。

最早用BB机的是小老板、黄牛，还有夜总会小姐，BB机是生意。后来新闻记者普遍用了，BB机是信息来源。随着BB机充当了股票信息机，连卖葱姜老太也用上了，虽然是要付月租费，共享实现了。

BB机是没有漫游功能的，出国了只有停机，机器可以无偿转让，但是月租费自理，谁付月租费，谁就是机主。

有一位朋友，当年他老婆有BB机，他没有。老婆去日本留学，BB机也就留给了他。一天天过去，一月月过去，和《繁花》里白萍、沪生的婚姻走势一模一样。有一天，他去单位组织人事部门，要求开离婚证明。那时候结婚离婚还都是要组织开证明的。人事部门问，老婆去了多久了？他回答，两年了。人事部门说，哦，两年？也就差不多了。正说着，腰间BB机响了，男人低头一看，是现任女朋友发来的约会短信。他生怕给组织人事部领导看到，因为婚还没有离呢。这一个BB机在这个男人和两个女人之间，算是共享吗？

机共享是自然，人共享是可恨，钱共享，那是可怕。只是，人性的弱点，总是妄图共享他人，却不知道别人也是如此妄图。所有的金融诈骗都发轫于共享他人的钱财。于是老实人老老实实把钱交给银行。"你不理财，财不理你"到头来或许是上当，不如这样想，"你不理财，财不离你"。

当然现在腰间不会有BB机作响了，也曾经有过手机取代BB机别在腰上的。没多久，男人腰上别了块玉。凡有聚会或三五成群，便会松开玉绳,娓娓道来此玉的来历和身价,还掏出专用的袖珍手电筒在宝玉上照,让他人长长见识。也算是共享了。

哪知蹿出个程咬金说,这块玉不值铜钿的。两个人争起来了。那一个别了块玉还时常要卸下来让人家欣赏的男人,我认识,叫沪民。我不知道他和《繁花》里的沪生是什么关系。

"繁花"赏过了,要交代一个情节,苏州评弹最讲究情节要交代清楚的。很多朋友问我,和高博文同台,什么时候正式演出?朋友们都以为剧照是彩排时候流出的。其实这一组剧照,只有同台,没有演出。我怎么可能和吴韵一哥同台说书?那是不自量力的。仅仅是穿了长衫同台拍照,为的是《行家》杂志的专题"繁花似金,摘几朵静赏",都是黄沂海总编惹的"火"。

大世界,连接市井和娱乐休闲的桥头堡

毫无疑问,20世纪50年代之前的跑马厅,是上海娱乐休闲的中心,大世界当然是一个非常重要的角色,并且在这个娱乐休闲中心中,成为上海市井和娱乐休闲的桥头堡。

在这个娱乐休闲中心,遍布电影院戏院饭店和娱乐场所。从国际饭店出来穿过黄河路,便是大光明电影院(1928年开业),大光明的右边是创办于1937年的"五味斋菜社"(如今的人民饭店),它的斜对面,是跑马厅的主楼,一幢古典主义风格的八层高钟楼,涵盖了包房看台俱乐部。1952年之后,上海图书馆、上海美术馆先后在此栖身。周遭还有长江剧场、大上海、和平、沪光、音乐厅、红旗电影院,还有天蟾舞台共舞台等等戏院书场,还有"仙乐斯舞厅",还有文化与风尘兼具的四马路,还有,最著名的大世界与跑马厅仅是一路之隔⋯⋯

另一路则是将1915年开业的"新世界游乐场"作为这个中心的上游。从西藏中路(虞洽卿路,公共租界中唯一一条以华人命名的路)向南,经过大世界,到了八仙桥,1.1公里的长度距离,应该是东区娱乐休闲中心的下游了——大世界南端的西藏路已经是西藏南路(敏体尼荫路)。上下游的区别在于,上游是更加纯粹的娱乐休闲,下游地带,娱乐业的声色依旧此起彼伏,却又交杂着市井生活烟火气的飘浮。上游的新世界,四大公司,大光明,大上海,卡尔登剧场,跑马厅,大世界,像是一朵花中的片片花瓣,聚合在一起。

而大世界，恰是处于上下游的交界之地，其实，大世界本身，也是上海东区连接市井和娱乐休闲的桥头堡。

在大世界的上游，娱乐场所形成了强大的气场，一家连着一家，几乎就没有间断，饭店也是大的，五味斋、新雅、杏花楼、德兴馆、老正兴……至今名气很响。一过延安路（40年代的爱多亚路），以大世界为界，虽然娱乐业生活还在，但是换了口味了，形成了上游和下游的明显区别。这一定不是个人化的感觉，而是当年这一个娱乐休闲中心本来的面貌。比如说南京路是老大，叫作大马路，依次便是二马路九江路，三马路汉口路，四马路福州路，五马路广东路，虽然五马路已经是小马路了，毕竟还是和大马路呼应着。

在大世界的下游，市井文化的八仙桥，交通极为便捷，这也就注定了八仙桥的热闹而非繁华，有个著名的室内菜场"八仙桥小菜场"，19世纪后期就已存在，称"华洋菜场"，后来也叫作龙门路副食品商店，不远的宁海西路也有菜场——凡是有菜场所在地，都是市井味道很浓的，也是商业格局不大的。这里有邮局，西湖浴室和月宫理发店，还有名有姓地被记着，更多小百货、点心店、食品店、南货店、杂货店……所有的吃喝玩乐层层密集。从老板太太、小开大小姐，知识分子，直至学生意乡下人，所有的社会层次都可以在大世界找到自己的娱乐兴奋点。不夜城，花天酒地，十里洋场，大上海，也都可以找到对应自己的座席。

这也就是为什么那么多年间，大世界会成为上海普通市民最喜闻乐见的场所。

到了2017年，大世界整整一百岁了。

1917年7月14日，号称远东第一俱乐部的上海"大世界"开张，它占地 1.4 万多平方米，内设剧场、电影场、书场、杂耍台、商场、中西餐馆等。"大世界"由黄楚九一手创办。1930 年转由上海滩青帮头领黄金荣经营，以上演全国各地戏曲为主，很受大家欢迎，因而名声大噪，游客不断，成为当时远东地区最大的游乐场。大世界每天除演出十多种戏曲外，最具特色的就是"哈哈镜"了，十二面大镜子能使人变长、变矮、变胖、变瘦等，千姿百态，引人捧腹大笑，故谓之"哈哈镜"。

也就是凭借着全新的创意，大世界的江湖地位一举超过了与之有恩怨的新世界。在此之前，1915 年 8 月 4 日开幕的"新世界游乐场"，为当时上海滩规模最大的游乐场所。由黄楚九、经润三等创办。1917 年，经润三病故，其遗孀汪国贞与黄楚九争权夺利，黄楚九白相不过女人，退出新世界游乐场，另办"大世界游乐场"。这就是大世界的由来。

50 年代，大世界改名"人民游乐场"——当年娱乐休闲也几乎都以"人民"命名，人民公园、人民广场、人民饭店……1958 年恢复原名大世界，因为"大世界"三个字在市民心中是不可替换的；1974 年改名"上海市青年宫"。1981 年 1 月 25 日大世界复业，定名为"大世界游乐中心"——这是大世界最后的疯狂了。随着生活方式的改变，大世界往昔的盛景不再，多次求新均告失败，从 2008 年起闭门谢客，直至 2016 年 12 月为迎接大世界百岁诞辰再次开门迎客。

不过，100 岁老人重新担当上海市井和娱乐休闲"桥头堡"的重任，不在于老人身板是否吃得消，倒是在于 100 年前桥头堡两端的市井和娱乐，是否还在？100 年后当下的市井娱乐审美，是否中意？光是靠着几面哈哈镜，大约也只能哈来哈去而已了。

东宫红娘舞天鹅

对一个人，或者对一件事情，如果需要用"想象"的时候，大概可以说明两点：一是向往，有好感，心里一直想念着；二是未曾拥有，未曾接触，只是在心里很美好地估摸。

整整一代上海人都知道东宫红娘，但是没有多少人曾经在东宫欣赏红娘。

东宫听上去有点神秘甚至有点浪漫，会让人想起圣彼得堡的冬宫，其实只是一个简称，它的全名是上海沪东工人文化宫。这么一表述，一点浪漫都没有了。至于红娘，与《西厢记》没有任何干系，是芭蕾舞剧《红色娘子军》的"东宫版"昵称。"文革"期间，沪东工人文化宫是《红色娘子军》的定点演出场地，时间长了，被习惯叫作了"东宫红娘"。这个名字，简单上口还是次要，内含了与"文革"完全不和谐的色彩，才是它的传神之处。即使在文化最荒芜的年代，上海的市井文化仍旧显示出了它的顽强个性。

很有可能，"东宫红娘"最初是被黄牛叫出来的。《红色娘子军》是热门的，"东宫红娘有哦"，"东宫红娘要哦"，是当年节日期间，黄牛手里的筹码。可以想象，东宫红娘当年的吃香，也可以想象，很多人都未曾去东宫看过红娘。当然，离市中心太远，也是很多人没有看过东宫红娘的一个原因。我就是这么一个人。东宫是在杨树浦啊，买了黄牛票——可能是从 4 角溢价到 6 角，再加上来回电车票 1 角 4 分，太贵了。在我心里，东宫红娘一直非常美妙而遥远。

很多年以后,在踏进东宫的瞬间,我仍旧在想象那一个想象中的东宫和想象中的东宫红娘。显然,这一个东宫完全不是我想象的东宫,而东宫红娘也早就远逝。

平凉路1500号,如今是名副其实的市中心,而不是距离市中心多少距离。如今沪东工人文化宫的剧院已经是翻新的吧,丝毫没有了老旧痕迹,也没有了想象中的曼妙,虽然沿用了"文革"时代的昵称,叫作"东宫剧院",但是,从台下一步一步走到台上,我始终无法让"万泉河边"的舞曲回旋起来,无法让吴琼花的"倒踢紫金冠"腾跃起来。那一个年代远去了,要找到当年想象的感觉,只有回溯到当年。

当年是哪一年?1955年。由世界芭蕾舞大师乌兰诺娃领衔的苏联莫斯科国家大剧院芭蕾舞团来到上海,在刚刚落成的文化广场献演《天鹅湖》。这已经是乌兰诺娃第二次来上海,第一次是1954年,在美琪演出。在文化广场演出结束,观众鼓掌长达半个小时,谢幕几十次,久久不愿离开剧场。文化广场能够容纳近万人,哪能看得清乌兰诺娃轻盈的舞姿?望远镜是一定的。只是那一年的芭蕾风在我出生之前已经轻轻吹过,当年有幸在美琪和文化广场目睹过乌兰诺娃的人,如今已经老迈,也忘记了当年的很多细节。即使当年曾经亲赴文化广场,大多是知识分子、资产阶级,他们对芭蕾舞的热爱,应该是非常矜持而非狂热痴迷,所以1955年乌兰诺娃的"天鹅湖",对于上海,几乎像是一个传说。就好像说到法租界的白俄音乐家、舞蹈家和画家,曾经给上海带来了歌剧、芭蕾舞,并且盛极一时,却也是很少有正式的记载。

但是,上海这么一座中国最洋气的城市,芭蕾哪怕只是那么一阵风轻轻吹过,也就在上海打了一个蝴蝶结。虽然当年信息传播非常落后,只是听说当年的盛况,只是听说乌兰诺娃来过上海,已经足够了。从东宫红娘回望乌兰诺娃和法租界的白俄芭蕾舞,上海的芭蕾蝴蝶结越来越显眼了。

当然,如果要比之于"文革"时期那一部苏联老电影《列宁在1918》引起的对古典芭蕾青春期心悸式的向往,蝴蝶结可以忽略不计了。《列宁在1918》引发的"芭蕾疯",看似波澜不惊,内心却是波涛汹涌。影片中《天鹅湖》的两段舞蹈,双人舞和四小天鹅舞,如果不是出于中苏冷战的宣传需要,这部苏联电影绝对不会放映,如果不是影片中的重要情节贯穿在这两段舞蹈中实在剪不掉,也就不会有中国人后来对《天鹅湖》的情有独钟。

在当年,不管是放电影的人,还是看电影的人,心里都认定,这就是一段黄色舞蹈。"文革"时期,女性的裙子长度必须过膝(超过膝盖,及至小腿),不过膝等同于资产阶级思想,如果短于膝盖10厘米以上,那就是超短裙,要被红卫兵造反派批判,批判的极端手法是把裙子剪碎扯烂。《天鹅湖》哪里还是超短裙?裙摆都已经飞扬起来,可以看到女性的隐秘部位了。这还了得!确实是有电影院在放这一段《天鹅湖》时,放映员一手遮天鹅,让观众只闻其声,不见黄色舞蹈。

如今谁都不会对《天鹅湖》有性的悸动了,但是在那个最封闭的年代,马路上都是50年代出生的青年人在茫然游荡,他们的青春期根本找不到社会对接的端口,艺术修养、人文知识、生理常识,都得不到正常的发育,他们不知道天鹅们是穿了紧身裤的,他们不关心《天鹅湖》的艺术价值,他们对《天鹅湖》的理解,徘徊在性幻想中，而且也更加愿意如此幻想。男青年以为，《天鹅湖》中的天鹅——其实就是女人，只穿裙子不穿裤子，再加上这部电影是拍摄于1939年的黑白片，清晰度不很高，加上那个时代所赋予的无知，很多男青年醉心于的是天鹅的两腿之间。

如果说文化广场看乌兰诺娃的《天鹅湖》是因为文化广场实在太大需要望远镜，那么看《列宁在1918》电影中的《天鹅湖》用望远镜，实在就是"青春期心悸式的向往"。当然更多的青年男女，是看了一遍又一遍《列宁在1918》，几十年过后，他们还可以极其完整地把影片中的对话滚瓜烂熟地背下来。虽然这部电影严重歪曲了历史，但是电影本身不乏精彩，桥段对白具有经典的意义；电影中列宁形象的成功，远远超越中国任何一部电影中领导人形象。这也是这部电影可以流传至今的重要原因。

当年的东宫——沪东工人文化宫，除了几个节假日会演出芭蕾舞《红色娘子军》，寻常日子，也是放电影，相信在东宫，也有着很多人的《天鹅湖》记忆。那时候，东宫红娘与东宫天鹅，也算是绝代双娇。

《列宁在1918》早在1951年已经配音了，当时还没有译制厂，是上影厂译配的。配音演员阵容非常了得，张伐的列宁，冯喆的斯大林，孙道临的捷尔任斯基，邱岳峰的康斯坦丁……如今都已作古。虽然1951年已经译配，但是印象中这部电影"文革"前没有公映。或许译配时，是因为中苏关系好得不得了，几年之后渐渐冷却，这部电影也打入了冷宫。"文革"时，恰又当作了反对苏联社会帝国主义的教材，以至于中国人在最封闭的时代看到了列宁，看到了瓦西里，更看到了黄色舞蹈《天鹅湖》片段。

几十年过后,东宫红娘和黄色舞蹈《天鹅湖》都成了茶余饭后的笑谈,但是上海人的芭蕾情结,也是和这两个笑谈有关。近年来,每年都有世界著名芭蕾舞团到上海演出,俄罗斯每年都频频有"天鹅"飞来。一位圈内朋友告诉我一个有趣的现象,在来上海演出的所有芭蕾舞中,有票房好的,也有票房不好的,但是只要是《天鹅湖》,哪怕是冠以"皇家"或者"大剧院"的野天鹅,票房总是飘红。由《列宁在1918》牵引出来的"天鹅湖"情结,至今还缠绕着上海人,其中一定包括当年对《天鹅湖》充满了"青春期心悸式的向往"的人,当年用过的望远镜,如今或许还在家里某个角落。

如今在剧院看芭蕾舞,看《天鹅湖》,也还是有很多人带了望远镜去的,不过现在从望远镜里看出去的,大多是演员是否漂亮性感,大概很少有人会将焦点集中在天鹅的两条大腿之间了。

万体馆生于"万"时代

　　几年前,在电视台的一档谈话节目中,我向坐在我对面的成方圆求证一个有关她的历史瞬间:成方圆第一次担任独唱演员,是在上海万体馆;之前,她是东方歌舞团的二胡演员。成方圆点头说是。我继续求证,第一次在万体馆登台演唱时,你身穿白色连衣裙……你怎么知道!成方圆反问我,有点惊讶,其实已经是认同了我的求证。我告诉她,那一个晚上,我就在万体馆,不过是坐在二楼,好像还是侧面,距离舞台很远很远,是要用望远镜才看得到一个轮廓,但一袭白色连衣裙是清清楚楚的。

　　在回忆这一个片段时,我发现了一个有关万体馆的有趣现象。我犯了一个错误,但是这个错误被所有人都接受,因为所有人都意会,也都在犯和我同样的错误,连北京来的成方圆都同样错误地意会了——我说到的万体馆,在官方宣传中,是不存在的,上海只有上海体育馆。直至今天,地铁一号线和四号线有一个交汇的车站,是上海体育馆站,而不是万体馆站。

　　当然,我和成方圆以及所有人都没有错。从1975年落成后,"上海体育馆"仅仅是官方名称,"万体馆"才是最亲切的昵称,并且在市井生活中,"万体馆"才是具有地标意义的建筑。市井称呼是无从考证出处的,如果有人能够证明自己是"万体馆"名字的始作俑者,真应该给他发奖的。

　　四十多年过去,我在思考一个有点无聊的问题,上海体育馆为什么会有"万体馆"这个市井昵称?

万体馆是上海终于有了可以容纳一万多人的体育馆。在万体馆之前,上海也有上海市体育馆,有简称,叫作市体育馆,就在陕西南路巴黎春天的地方,1950年之前,是一个回力球场。称其为市体育馆,因为它的级别是"市级"而非区级。说起来也可怜,市体育馆大概可以容纳一千多观众。虽然有举重运动员陈镜开1956年在这个体育馆一举成为"新中国第一个打破世界纪录的人","海威"得不得了,但是哪里比得上北京的工人体育馆,1961年已经举办第26届乒乓球世锦赛了,一万五千观众在"工体"山呼海啸。上海有过亚洲最大的跑马厅(人民广场旧址)、最大的跑狗场(文化广场旧址),说起体育馆,实在难为情。虹口和江湾都是室外体育场,派不了室内比赛的用场。

一万八千人容量的体育馆,可以理直气壮地称呼万体馆了。也因为,它是上海"文革"十年期间屈指可数造起来的公共建筑,之前的50年代,上海更是只建造了一座中苏友好大厦——比起北京的十大建筑,大上海一点都"大"不起来。所以,对于1975年的上海人来说,万体馆平地而起,不啻是扬眉吐气,用一个"万"来突出上海体育馆之气派,像是间接地体现了民意。

还要继续钻牛角尖的是,万体馆之"万",也是那个时代的时代特色。"万"在那个时代是最高级的词,且不说万岁万寿无疆之类的铺天盖地,"万"体现的是非常伟大的目标,非常高超的水平。万紫千红,万水千山,第一艘万吨轮,第一台万吨水压机,当然还有万人大会,还有更早的亩产量超万斤,还有之后的"万元户"……都是以"万"为核心价值观的。万吨轮和万吨水压机都是有名字的,但是最后都是由"万"金袍加身,以至于它们的本名,再也没有人惦记。大概也是显现出那个时代生产力水平低下导致的格局低下,用现在的标准来看,一万吨的轮船非常小,一艘邮轮就已经几十万吨了。

顺便一说,中国第一台12000吨水压机,由江南造船厂和上海重型机器厂联合研制,1962年投产,在江南造船厂服役超过半个世纪,它的大名是什么?我参观过这一台万吨水压机,机身上有三行铁铸的大字,第一行"上海",第二行"江南造船厂",第三行"一九六二年",所以"上海"应是这一台万吨水压机的大名。中国第一艘万吨轮取名"跃进号",由大连造船厂仿苏联设计图纸制造,在大跃进的1958年11月27日下水。据当时的报道说,"跃进号"58天内就建成了,实在是大跃进的速度,超过了老牌海上王国英国和世界造船大国日本。然而这艘巨轮的处女航到1963年4月30日才开始,并且在一天以后的5月1日下午触礁沉没于公海。真正后来开出去又开回来的万吨轮,是江南造船厂造的"东风号"。

在上海为万人体育馆骄傲时,巴西马拉卡纳体育场已经25岁了,举办过1950年世界杯,决赛涌入了22万球迷,当然这与上海无关。万体馆就是这样开始了"万"岁月。直至如今,"万"早已经不是标杆式的数字单位,但是"万体馆"的名字和四十多年前的建筑荣辱与共,即便那一个地铁站的站名是上海体育馆,报站名也是上海体育馆,但是谁都知道,这一个站是万体馆。

我是比较早进入过万体馆的人。应该是在1976年。此前一年,中国又一次登上了珠峰,也算是特别鼓舞人心的事件,登山队中唯一的女子登山队员潘多来上海作先进事迹报告,报告地点选在了刚刚落成的万体馆。好像还是5月4号,青年节。为什么这个记忆如此深刻,因为当时我是团干部,得以在荣誉中享受了特权。

报告会是真的,参观万体馆、体验万体馆的"高大上"是真上加真的。去之前听说万体馆的两个篮球架是从地板下翻出来的,到了万体馆入座才是眼见为实。广播里开始介绍万体馆的设备之先进,平整的内场两端中间部位,突然"陷"了下去,而后两个蜷缩的篮球架伸了出来,而后自动拉伸,成为标准的篮球架,有点像后来的变形金刚……一阵雷鸣般的掌声。

此时距离"文革"寿终正寝只有几个月了——几个月之后的1976年10月,庆祝粉碎"四人帮"的全市性大会,恰在万体馆举行。而后很多年,万体馆取代了文化广场,成为全市党员干部会议的"御用"场馆。毕竟,万体馆有空调,比文化广场条件好多了,当然原来陕西南路的上海市体育馆,只能降级为卢湾区体育馆了。

万体馆横跨了"文革"前后两个时代,于是它的地理坐标意义非常强烈。80年代初,在万体馆对面,造起了数排高楼,一批艺术家搬了进去,非常有名。有一部电影《她俩和他俩》以之为背景,电视剧《玫瑰香奇案》甚至虚构的场景就安排在这一排高楼里,与万体馆没有关系,但是真的是奇怪,所有人都说,这是在万体馆对面的房子里啊,至于对面的房子,这么有名的房子,至今人们称呼它们时,还是三十多年前的称呼——万体馆对面的房子。

不过所有人只看重万体馆的万,却是忽视了万体馆之体——那个年代体育比赛几乎没有,即便有什么亚非拉乒乓球友好邀请赛,也都是在北京举行。万体馆"一生"中举行过最辉煌的比赛,大约是1983年的第五届全国运动会了。这也是第一次在北京以外举行的全国运动会。

经历过大红大紫的年代，万体馆渐渐褪去了"万金油"功能，几乎没有什么比赛了，从成方圆时代开始，更多是在办演唱会，那个时代几乎所有的歌星都来"扒分"过，所以，万体馆是80年代上海年轻人追星谈恋爱的上佳去处。

过了好几年，忽一日，友人送我演唱会的票子，我一看，"上海大舞台"，是什么地方啊？这么陌生而平庸的名字。友人说，就是万体馆呀，现在没有体育比赛了，内场都已经完全面目全非了。万体馆就万体馆，改什么名字！香港红磡体育馆，演唱会多了去了，也没改名香港大舞台。还听说万体馆内场完全改造，我顿生怜惜，想起了当年我目睹过的两个从地板下翻出来的篮球架。不无讽刺的是，万体馆篮球架拆了没几年，姚明去了NBA打球，创造了巨大的商业价值，NBA把火箭队的季前赛放在上海举行。可怜的万体馆，已经拆掉了篮球架，摒弃了体育馆的格局，从而与NBA、与姚明、与篮球世界，彻底地错过。

对万体馆改名，和我有相同批判态度的人实在太多。以至于到现在，即使是到那里去看演唱会，即使票子上印的是"上海大舞台"，没有几个人理会。假如你打的去，和出租车司机说要去上海大舞台，司机肯定没方向的；假如去万体馆司机不认路，那么这个司机肯定是到上海没几天的。

继续要为万体馆之"万"正名的是，这几年万体馆每年都有两次非常重要的"万"活动：一次是高考招生前的高校博览，一次是高校毕业前的招聘博览。人头攒动都是过万的，而这过万的人头背后，更是过万的家庭——万体馆的魅力，或者说是万体馆的生命力，还就是这一个"万"。

上海的"克里姆林宫"

好些年前去俄罗斯,行程中安排了参观"全俄展览中心"。我对此毫无感性认识,也说不上有什么期待,更多著名的人文景观已经去了,对这一个没怎么见诸媒体介绍的展览中心,到此一游也就足矣。根本没有想到它会和上海有什么关系。

只是抬头看到了这个建筑物的时候,不止一个人脱口而出:怎么和上海展览中心一模一样?一瞬间,身处莫斯科,宛若是在上海展览馆前面的延安中路。整个建筑构架,尤其是刺天长剑顶端一枚鎏金五角星,按照上海的市井俚语来说,是一只模子里刻出来的。如果说区别,那当然,全俄展览中心更加庞大,占地更加奢华。

更多的上海人不会有如此的感觉。都知道上海展览馆是"苏联老大哥"设计制造,因为如此,认定上海展览馆是模仿克里姆林宫的,最著名的模仿之处也莫过于顶端那一枚鎏金五角星,克里姆林宫有五颗五角星。

全俄展览中心,那时候还是叫作莫斯科国民经济成就展览中心,1992 年才用了现在的名字,也是第三个名字,它的第一个名字是苏联国民经济成就展览馆,那是从 1939 年落成时候的名字,一直用到 1958 年。对于绝大多数中国人来说,只知道克里姆林宫,上海展览馆的五角星遥相呼应的就是克里姆林宫,甚至,就被称作是上海的克里姆林宫,它是苏联时代留在上海的唯一一座俄罗斯古典主义风格的建筑，也是上海在20世纪50年代整整10年间建造的唯一一座公共建筑。

当然那还是中苏友好大厦的年代。

历史事件的初衷和历史的发展常常会让人哑然失笑。中苏友好大厦之所以造起来，并且是由苏联老大哥来设计，是因为身为"小阿弟"的中国，需要介绍老大哥苏联在经济、文化、建设等方面所取得的辉煌成就，需要有一个永久性的展览馆来体现，这就是建造中苏友好大厦的初衷。这一个展览馆定位于上海。

要办这样一个大型展览，必须有一个与之相适应的展览馆，旧日上海风情什么都有，独缺展览馆。中国和苏联专家提供了三个地方作为馆址选择，一是文化广场，二是哈同花园旧址，三是大华农场。文化广场面积不够大，大华农场因条件不合不予考虑。最后确定哈同花园旧址作为展览会的理想馆址。

哈同花园就此被铲除，速度惊人地快。1954年5月4日，潘汉年副市长和苏联驻沪总领事共同破土，十一个月后的1955年3月15日已经竣工开展了。当然神速充满了醉意。1954年3月，苏联专家郭赫曼来上海考察，在欢迎宴会上居然喝醉，想来中国白酒一定是胜过伏特加的。郭赫曼在醉态中致辞宣布：中苏友好大厦可在两个月后开工，博得了满场掌声，第二天，《解放日报》头条将此特大喜讯发布了出去，其实那时候连设计图纸都还没有。老大哥一言，万马难追，后来果然如期开工。这大概也就是后来的中苏友好大厦与苏联国民经济成就展览馆"一只模子里刻出来"的原因吧。

我曾经想过，假如当年哈同花园没有被选中，那么这里的爱俪园如今一定也是上海一个地标，尤其是十里洋场怀旧的胜景，知名度和受欢迎的程度，不亚于豫园。作为市中心的经典绿化地带，更加备受保护，当然门票一定不低。如今唯一看得见的爱俪园遗风，是正门广场上的音乐喷水池。爱俪园与文化广场的前世逸园跑狗场不同，跑狗场原本也就是空地多，拆了不可惜，爱俪园作为一个私家花园，汇集了诸多的文化，如若是现在，大约是会保留下来的。

我还想过，那一个大华农场在哪里，为什么不合适？有人说大华农场在当时的江湾五角场，但是有一位网友以自己的亲身生活经历纠正说："我从小生长在距离大华农场不太远的广中路水电路附近。此农场不在江湾，麒麟塔就在里面。小时候常去那里玩，有很多树林，一些小沟小河，还有一个长方形的大池子。铜做的麒麟'文革'中被拆了，听说熔化后做了虹口公园鲁迅墓前的鲁迅铜像。很怀念那时淳朴而又富有乡间田园风味的大华农场。"广中路水电路，按照如今上海的城区概念，是十足的市中心，在遥远的50年代，已经像郊区一样的偏僻，面积是足够，但是苏联老大哥一定会觉得被冷落了。

伟大的爱情故事制成了一块金匾，高高挂起没几年，两个当事人已经恶语相向。中苏友好大厦没有成为永久性的苏联展览，倒是一直举办国内各类工业品展览会。小时候去一次中苏友好大厦，算得上是时髦而有文化的事情。1968年中苏珍宝岛争夺战爆发，无法"友好"，更名为上海展览馆，1984年再次改名为上海展览中心。前后用过三个名字，和全俄展览中心又巧合在了一起，也算是缘分。

我第一次进入延安中路1000号，已经是70年代"文革"后期，常有工业展览会举办，有"东方红1号"人造卫星模型，有上海牌轿车和黄河牌重型卡车，还会有机床，现在想来十分枯燥，在当年照样红火。还会有轻工业产品，那个年代非常奇葩，工业产品只分重工业和轻工业，所有的生活用品都归之于轻工业，所谓轻工业品，是和老百姓的生活有关的物件。牙刷牙膏香肥皂，汗衫短裤加手表，阿司匹林电灯泡，算什么？算轻工业，这才是工业展览会的吸引力。"上海制造"，Made in Shanghai 的概念，就是在那一个时代，植入在我的心里，当然附带着"上海制造"，还知道了出口转内销，还知道了处理品、等外品……都是紧俏商品啊。直至80年代，这一个社会终于有了名副其实的生活用品，有了日用品展销会，有了年货展销会。

记忆中，不管是和苏联关系如何，中苏友好大厦一直是拍照的经典背景，因为五角星有一百多米高，要拍好全景，要在马路对面的一条弄堂口，蹲下身，才能拍完整的。直至延安高架架起来后，这一个俄罗斯古典主义风格的建筑，拍出来少了美感。于是在2001年大修时，曾经有方案要将整幢建筑抬高多少厘米，反正本身没有打过地基。有报社记者急忙发布消息，结果被证明是乌龙消息。有一点倒是一点不假，正是在这一次大修中，为修复顶端的金星，仅耗费黄金就有5000多克。

几经变革，峰回路转，有一个重要政治活动五十多年间在此举行，1956年上海市第一届党代会是在中苏友好大厦的中央大厅开幕的，一直到了2011年，上海的党代会和两会会场移址世博会议中心。上海展览中心从此一门心思就是展览了。10年前，上海书展也开始在此举办，一年一届。于是我对上海展览馆的布局有了极为透彻的了解，东一馆西一馆，中央大厅，那是因为签名售书次数多了，方位自然熟悉。

  2014年,我"傍"上了大款,我的《为什么是上海》与上海航空杂志社的《上海魅力》共同签名售书,场地就在中央大厅。丁锡满、曹雷、梁波罗、陆康等九位重量级的文化嘉宾加上我一共十人,顺序排列,坐下来之后,阴差阳错我竟然居中。后来有朋友问我,中央大厅在什么方位,我笑答,就是每年上海开两会的场地;朋友又问我,你签名售书坐在哪里?我更笑答,不好意思,就是开两会时候的主席台。你就坐在主席台贴贴当中啊!朋友几乎惊诧。我已经笑而不能答,就给朋友看一张70年代工业展览会的照片,也是在中央大厅,国家领导人站着的地方,也就是我坐着的地方。

飞地大丰的上海印记

天不太冷。黄昏时候,四岔河桥上,两三个年纪蛮大的女人,站在桥上看看四周,看看桥下河水,聊聊天。与过往的人形成很大反差的是,她们穿了旗袍;旗袍显然老旧了,骨子还在;青春虽然不再,她们旗袍穿得有模有样,是穿过旗袍的。淡淡的夕阳照过来,在桥下的水面上,留下了她们的倒影。

几年前,还能见到这样的场景,再往前几年,更寻常。如今很难见到了。她们都已经是八九十岁,离世的不少,还健在的,也已经不再去曾经走过了六七十年的四岔河桥了。她们腿脚不好了。

这一座四岔河桥,在大丰,在大丰当年的劳改农场。

从上海来到大丰的时候,她们大约是二十岁上下,她们的身份是妓女。漫漫几十年过后,她们是自食其力的劳动者,是公民。

这是真实的生活镜头。

后来也被拍进了电视剧,那就是2016年收视率不低的《硝烟散尽》。

大丰作为上海的飞地,有很重要的一部分和她们有关。

在上海,几乎没有人不知道大丰,尤其是经历过知青年代,"大丰农场"这四个字,关乎上海近十万家庭的悲欢离合,或者,也有长者知晓大丰还曾经是一个劳改农场……除此之外,大丰还有什么?很少人知道,位于江苏盐城的大丰,是上海的飞地——在行政区划意义上，近十分之一的大丰，是当年农场和劳改农场的区域，属于上海。如今在大丰，有上海派过去的基层干部，他们在大丰工作生活了几十年，甚至一辈子，他们的户籍所在地是上海。知道这一层的恐怕不很多，甚至没有多少人关心过飞地这一个概念。

在中国，飞地并不少。就面积而论，大丰这一块飞地是排不上号的，但是，当大丰这一块飞地刻上了"上海"的印记，它的价值和意义，就不能和面积大小画等号了。

1950年，上海百废待兴。除了有正常职业和正常生活的市民学生之外，还有妓女、无业游民、流浪儿童亟待安置，而上海缺乏可以永久性收纳他们的场所。时任上海市长陈毅想到了盐城，这是他作为中共新四军军委副书记带兵打过仗的地方，非常熟悉当地的地形，一面是海，余下便是滩涂，盐碱地，荒无人烟，非常适合收容和改造。陈毅是上海市市长，也是中共华东局第二书记，他提出了在大丰建立劳改局，将大丰作为收容改造场所，划出来的300平方公里，由上海负责管理。

这就是大丰飞地的由来。

也正是大丰这一块飞地的存在，到了1968年，它又成了上海知识青年的"外农"——"外地农场"。这是距离上海最近的外地国有农场。所谓农场，就是有工资收入的，算是国家单位。包括后来80年代一小部分新疆知青的转入，大丰农场共接收了8.5万上海知识青年。

"外农"这个词，有强烈鲜明的年代特征。1968年开始，中学生毕业是国家分配的，并且是指令式的。留在上海的，称之为"上工",在上海郊区务农的叫作"上农",去外地工厂工作是"外工",去外地农场、插队,那就是"外农"了。决定一个学生留在上海还是去外地,工厂还是农村,取决于兄弟姐妹分配情况。比如老大已经留在了上海工厂,那么老二就是"外农"了。到了1968年年底,传来了"知识青年到农村去,接受贫下中农再教育,很有必要"的最高指示,在之后的三年中,政府取消了四个面向,而是执行"一片红"的政策——城市里所有毕业生都到农村去,直至1972年恢复了"四个面向"——面向工厂,面向农村,面向内地,面向边疆。

大丰就是在"知识青年到农村去"的这个时段,成了上海知青比较理想的"外农"去向。

50年代劳改农场的2万受劳教人员和流浪儿童,六七十年代的8.5万知识青年,加起来超过了10万。

大丰农场,最初是"上海农场",又称上海市劳教局第一劳动教养管理所。

1968年,上海农场开始接纳第一批上海知青。由于不宜将众多知青置于劳改农场,1973年初,上海农场划出海丰农场,独立建制,后续大批知青都是到海丰农场报到。1983年,原属上海农场的川东分场、也就是上海市劳教局第二劳动教养管理所也分离出来,建立川东农场。

上海知青务农的地块名曰海丰农场,大丰的劳教农场则是上海农场。凡是当年的海丰农场知青,极其忌讳将海丰农场混同于大丰农场,但是对于没有去过大丰海丰的上海人来说,模糊统称为大丰农场了。

去大丰的,在大丰生活的都是上海人。

我在《新周报》上读到了一个上海女知青陈玉兰的去大丰务农的经历。我们曾经很喜欢用"缩影"来表示个体和社会的关系，对了，陈玉兰就是大丰知识青年的缩影。

应该是1973年前后了。陈玉兰和一批跟她年龄相仿的十八九岁的少男少女，在上海登上了去苏北的客轮去大丰境内的上海海丰农场。路程并不遥远，但他们下轮船，上汽车，下了汽车再转场部拖拉机，足足用了二十多个小时才到达农场。迎接他们的是一片荒芜的滩涂。在这里，他们开始了自己的知青生涯。

陈玉兰和25个同去的知青，合住在五十平方米的破旧茅屋里。每人每天凭票可以在队里的"老虎灶"泡一热水瓶水，洗脸、洗脚、喝茶、漱口全靠它了。至于洗头洗澡，十天半个月才轮得上一次。

事实上陈玉兰她们不算最苦。因为她们是70年代的"小知青"。与1968年第一批"老知青"相比，生活条件已相对有所改善。老知青们来到这片黄海滩涂时，蒿草遍野，人烟荒芜，没有一间可以居住的房屋，没有一条可以行车的路。知青们自己动手割芦苇茅草盖房子，睡潮湿的地铺，夏天蚊虫肆虐，冬天寒风刺骨。

最恼人是夏天内急……我以为一定是说臭不可闻，不是，根本不考虑臭不臭，只是快频率地拍打屁股——裸露的臀部会叮满蚊子，若不拍打，那就是一个一个蚊子块。

到了大丰，上海知青的革命热情几乎跌落到了谷底。想好要"到农村接受贫下中农再教育"的，但是到了大丰，这里没有当地的贫下中农，除了一小部分的管理者，只有50年代从上海过来的劳改劳教分子。知识青年就将同这种人,"同吃同住同劳动"——同饮一河水,同做一田活,对于血脉偾张的知识青年来说,这几乎就是侮辱。当然渐渐地,热情下降了,也觉得和他们一起干农活的,大部分老实巴交,不像是敌人。

名气非常响的四岔河桥,南北向。因为是交通要道,那座老桥是平直的。上海知青到海丰农场时,农场是被四岔河分割成四块地方(也就是四个分场)。去场部,去四岔河桥,去盐城,先要摆渡。唯有一个姓姚的老船夫,就是摆渡人了,任何人离开农场,都要得到农场领导的书面批准,就像边境海关一样严格。每一个知青都对四岔河的哨卡留下刻骨铭心的记忆。好在那一个老艄公厚道,经常为知青"偷渡",很像是敌后武工队的。再后来,还是在知青时代,造起了新的四岔河桥。如今的老知青重走大丰路,四岔河桥是一定要拍照留念的,而且还要话说当年……

8.5万知识青年,也还要加上50年代的2万"劳改劳教"者,还有管理者,千万不能单纯地以为他们仅仅是在大丰极其贫瘠的土地上开垦种地。他们在大丰的土地上,虽然是务农,却是给大丰带去了上海的物质、上海的文明和上海的生活方式,不知不觉地给大丰注入了上海的元素,并且让"大丰"这两个字,在上海8.5万个家庭中有了念想,也使得大丰对上海和给予上海,有一种特别的亲和。大丰朋友不无舒心地告诉我,至今还有不少上海户籍的干部和职工常年生活在大丰,所以大丰和周边乡镇相比,就比出来了上海的腔调和上海的味道,比出来了些许洋气。

虽然绝大多数的知青后来都回到了上海,但是大丰的上海元素保留下来很多。

很多年过去后,海丰农场成为光明集团子公司;2014年,上海农场、川东农场、海丰农场这三个"飞地"农场合并,成立了新的上海农场,造了一个高高的铁塔,"上海农场"四个字的霓虹,在夜色里发光。

据说上海超市的几分之一的米,几分之一的牛奶,几分之一的猪肉……都来自大丰"上海农场",百分比都是很惊人的,我却是记不住了。

如今当然早就不是一天一瓶热水,早就不需要内急时快频率地拍打臀部了,但是大丰人总是会说起那一个年代,总是会请客人去看一看承载了8万多年轻人梦想的"知青博物馆"。

从大丰回来,我曾经在自己的"大上海小龙弄"公众号写到了"四岔河桥",没想到引发了很多评论。当年的10万上海人,尤其是8.5万知青有话要说啊。因为他们曾经在那里长期艰难地生活,感受深得多,既赞叹我对大丰海丰的直击,也点到了我文章中的谬误——那是一定的,他们在大丰战天斗地十年,我在大丰海丰仅仅是走马观花几十个小时。以下便是部分留言——

盛石:
读后令人潸然,尽管既不是上海人,也没去过大丰,但人们在特殊环境下的不屈不挠,颤动心弦。

草根水利:
农场是被四岔河分割成四块地方(也就是四个分场)而不是文中所说的被包围。分隔的河道名称是四卯酉河和中子午河，在两条河道的交汇处形成河道的四个分流方向，分别是大丰干河、三卯酉河、五卯酉河、斗龙港河。

乔瓦尼：

我在海丰农场工作生活了五年，当时只知道海丰农场是知青，上海农场是场员，也就是犯法的、接受改造的，那些人，当时开拖拉机，向他们买过两头猪，他们很客气的，生活工作场景模式，和我们差不多，那时我只有二十出头，现已六十几岁！前两年去过两次，感慨万千，无语！

白玛德吉：

感谢马老师为大丰农场的历史记录下难忘的一笔。我们曾经的老三届大丰知青都在阅读和转发你的这篇文章。

十里洋场的"废墟"拾荒者

有些原来不待见甚至差不多要废弃的事情或者地方，得到了脱胎换骨的改变，有人说，这是化腐朽为神奇。那些事情和地方原先真是腐朽的吗？可能是，也很可能不是。

几十年前，对苏州河残存的记忆中仅有两件事情是有想象力的，一件事情是有观众的，一件事情是有听众的。

有观众的事情是在苏州河跳水游泳，一到夏天必有晒得像乌贼一样黝黑的人在苏州河里戏水，桥面上足有上百人看热闹，撇开苏州河的恶臭和危险，跳水游泳算得上是创意，也和艺术沾边。还有一件有听众的事情，因为苏州河横隔上海市区南北，交通渐渐不便，大跃进年代有人提出更大胆的创意：填埋苏州河，将苏州河改成苏州路，就像肇嘉浜路原来的臭水浜被填埋成绿荫道一样。这一点都不是凭空的杜撰，只要想到曾经有人孜孜不倦地论证将喜马拉雅山脉凿一个大洞，以便冷暖空气可以交汇和谐，就不会怀疑苏州河曾经有过的填埋创意。除去这两件事情，苏州河的水也罢，船也罢，桥也罢，人也罢，两岸的垃圾码头、厂房仓库也罢，就再也找不出创意的基因。

同样的乏味和无趣，也充斥在泰康路和莫干山路之类的小路，连抽水马桶还是奢侈的地方还会有什么价值？甚至对于许多上海人来说，根本不明确它们的地理位置，没有店家，没有情调，没有霓虹闪烁，完全可以不存在；即使像绍兴路这样一条出版街，在人们眼里，也只是一条有几个出版社的小马路。

如今，书店似乎必须有咖啡必须像客厅了，18年前显然不是这样，书店仅仅是买书的地方，白开水也不会有一杯的。2000年，当摄影家尔冬强的汉源书店在绍兴路上开张的时候，人们是在欣赏主人的品位，是在感谢主人慷慨的茶水咖啡招待，也是在思忖甚至怀疑主人：这与其说是书店，还不如说是主人客厅的延伸，和主人身份极其契合的一系列德国"蔡斯"照相机，像是客厅的点睛之笔。尔冬强为什么要开这么一家书店，汉源书店靠什么赚钱？

这样的疑惑，也是在差不多的时候，确切地说，是在1999年，发生在登琨艳的南苏州河路1305号的艺术仓库。它确实是一个不错的沙龙，它确实显现了主人的艺术眼力，尤其是一掷千金的气派；主人几乎有点喋喋不休对这么一个破仓库的得意，破仓库的每一个角落已经堆放了主人抱残守缺的破玩意儿；虽然破仓库已经脱胎换骨，虽然破仓库很快成为一个著名的沙龙，名流名媛将在这儿荟萃看作是彼此惺惺相惜的金色大厅，但是旁人宁可相信这就是艺术，而不愿相信艺术也可以是摇钱树。到了2005年，登琨艳将杨树浦路的一个破旧厂区也收之名下的时候，人们不再有一星半点的怀疑，而是惊诧：好事情怎么全轮到他头上了？

不对，不仅仅是他，而是他们全轮上了：苏州河路，泰康路，莫干山路，这几条以前连出租车司机都不容易找到的小路，如今就是几条灿烂的金光大道，而在这几条金光大道上阔步的人英雄所见略同，所以他们异曲同工的努力和创造，缔造了一个新型的产业——创意产业。2003年，上海首批18家创意产业集聚区正式挂牌。从这些创意园分布图来看，在苏州河畔就有5家，不远处还散落着3家。至此，由英国人率先提出的创意产业概念，在中国大陆也成为现实。

上帝没有专为牛顿创造了苹果，但是牛顿从一个坠落的苹果发现了上帝的赐予；创意园的旧址，恰是那一个从树上掉下来的苹果。曾经有人如此问过：假如不是创意产业主人的慧眼独具，这些破旧的仓库或者是否就是比以前更破旧的仓库？假如不是创意产业的主人慧眼独具，这些破旧的仓库废墟上，是否已经竖立起了一幢幢贴着玻璃幕墙的摩天高楼？无疑，创意园区的主人，都是了不起的发现者，他们的发现不在于是淘金式的发现，淘金式的发现属于挖地三尺的发现，创意产业的主人显然不是，他们的发现是在于在极其功利的年代，发现了功利者熟视无睹、就在众人眼皮底下的财富；就好像100架照相机聚焦同一个风景点，但是只有一个人抓拍到了风景的灵魂，因为只有一个人发现了风景的灵魂——发现者的伟大就在于发现。所以当很多人至今还认定创意产业主人的功绩在于化腐朽为神奇时，那只能说明很多人注定就是穷人，因为他们至今还是将财富本身当作了腐朽。

虽然社会舆论早已经不再将财富当作罪恶，但是依然憧憬甘守清贫的艺术家，由此亦一直坚决地不屑艺术家从A蜕变沉沦为B，也就是从艺术家（artist）蜕变沉沦为商人（businessman），这样的不屑还常常上升为公共道德。但是当苏州河路、泰康路、莫干山路的一些不应该消失的建筑和民风，终于有幸不消失，终于变成为上海这个城市的活体博物馆而成为城市的巨大财富，还带动了创意产业的形成发展的时候，即使他们是商人，也是了不起的商人，因为他们是有眼光的，他们是有行动的，他们也是有魄力的，他们还是有投资的；至于他们是有回报的，也是顺理成章的。

相信应该有些许原本如今也可以在创意产业坐收的艺术家，最终却是与创意产业、与巨大的利润擦肩而过。就像当年牛顿的小伙伴们和牛顿一起看着苹果从树上掉下来，但是只有牛顿成为后人知晓的那个人。

这座城市也有类似的创意资源已经被夷为平地，有类似的创意资源没有得到善待，还来不及列入艺术家的视线，就在我们的身边，像一堆旧报纸一样，没有人去阅读——旧报纸里，隐藏着很多，很多。

思南公馆的 to be or not to be

几年前的某一个周末下午,有朋友告诉我,我的《上海制造》在思南公馆文学书市上卖得要脱销了。朋友还传了一张照片给我,一个青年人在书市上翻阅我的《上海制造》。当然,这是朋友的美意,我虽窃喜,并没有放在心里。后来我也好几次在思南公馆参加文化活动,或者是讲者,或者是听者,都是和书有关,人气都很足。

也是差不多的时候,又看到了两条有关文学的新闻。南京工业大学规定,每一个本科生,在大学四年期间,必须至少读完六本经典名著,并且完成六篇读后感。当下大学生聪明得很,未必所有学生都真正地去读,况且读后感从网上"荡"几篇也很容易,但是这一条校规是真的。另一则新闻本来与文学无关,那就是轰动全国的复旦学生投毒案。案犯林森浩在庭审当日接受了央视"面对面"节目的独家采访。记者问林森浩,进来那么多日子里,主要是在做什么?林森浩回答,主要是在读 18、19 世纪的世界名著……

三个个案完全没有关联,发生在三个完全没有关联的场所。思南公馆是时尚文化热地,是咖啡餐饮休闲的同名词;南京工业大学是一所工科大学,以往读文学名著顶多是作为爱好,连选修课都未必算得上,现在却是成为一项学业必须;至于监狱生活,有忏悔者,有痛苦者,更多的是麻木者,读文学名著实在太过"奢侈"。三个个案场景和人物迥异,却有一个显性的公约数:文学,并且在差不多的时间里发生。

与这篇文章题目具有机缘巧合意义的是，1981年，有一部电影《今夜星光灿烂》，公映后有不同的反响。《解放日报》展开讨论，我也是万千积极参与者之一。之后，我的一篇评论——也就是七八百字的小评论，发表在《解放日报》，这是我的名字第一次出现在报纸上。于我，是一个惊天动地的事情，仿佛看到文学大门一夜之间开了一条缝，梦想要实现了。那是一个文学星光灿烂的年代，和我有极其相近心愿和极其相近遭遇的文学青年，即使上千万上亿也不必怀疑，文学青年一定多于现在的美食青年，更不必说爱好读文学名著的青年了。

渐渐地，文学不再那么伟大了。经济大潮来临，书店里固然还是有很多书，但是写书的大多不是作家，看书的也不再是文学青年。指导人生迷津的书籍满天飞，告诉读者的不是做人的道理，而是做事的道理，确切地说是成功的道理，成功的道理又可以确切地说是发财的道理，如何成为亿万富翁，如何培养子女并成为亿万富翁。思考人生的文学让位于思考财富的成功学，即使是打了心灵鸡汤旗号的明星著作，最后留下来的实质性印象，往往不是这本书里写了什么，而是这一本书赚了多少钱。世俗社会里的功利披上了愿景的外衣，文学因为缺少了、丧失了功利的价值，而被冷落。彼时的文学都已经到了是否可以活下去的地步，星空好像是没人在仰望了。

《礼记·大学》有曰：修身、齐家、治国、平天下。我曾经就此讨教青年朋友，如若在此名言中做减法再做减法，我们有什么可以减去，有什么不可以减去，几乎所有的答案都是，最可以减去的是治国平天下，最不允许减去的是修身养性。很对，只是在生活中，我们从来没有将修身养性当作一件必须做的事情来做，因为修身养性不会带来成功不会带来财富。很少有人说每星期至少有几个下午在读文艺作品,甚至连虚荣心的撒谎都不会撒到文学上去。大家都忙着去做事了——事业为重。

许多人做事真的成功了,但是做人失败了,做事的道理很清晰,做人的道理找不到了。从官员到艺术家到学生到普通的百姓,多少杰出的人才,官运亨通,事业成功,春风得意,最后却是跌入到做不了人的深渊。

我无意说他们没有爱好文学导致了人生的失败,那是夸大了文学的作用,并且还是在提炼文学的功利作用。倒是复旦投毒案案犯林森浩的解答更加贴切。在和央视"面对面"访谈时,记者问,你为什么想到了要读文学名著?林森浩答,以前读了很多专业书,却很少读文学名著。记者问,读了以后有什么感想?林森浩答,主要是做人的道理。可惜啊,当他懂得了做人的道理,却失去了做人的资格。

林森浩只是当他的人生彻底失败身陷囹圄时,才想到了读文学。其实早就有人这么告诫过。台湾作家龙应台说过,希望现在的年轻人多读一点18、19世纪的世界名著。她的理由是:人性人文人本人道……所有关于人的道理,在这一时代的名著中得到了淋漓尽致的阐发。几年前,我曾经把龙应台这一段话写到博客上,还写了一点我的体会,结果,有不少网友和我争论,根本不认同那些老古董一样的文字,除了小说本身的阅读,还会有什么超文学的作用。

文学确实无法解决人生的实际困难,但是它具有宗教信仰般的力量。文学不是直接的,却是无处不在的,文学不是十万个为什么,却是让读者自问自答为什么。从这一点上来说,文学就是人学。

我非常佩服思南公馆的文化意识。很多第一次涉足思南公馆的人，是冲着它的时尚而去。也许，用"于无声处听惊雷"来作比是夸张了，但是完全可以说，"于热闹处谈文学"，在思南公馆成为事实，并且，谈文学使得原来的热闹更多了一层热的含义。那就是"思南文学之家"的建立。王安忆、孙颙、金宇澄等名家在思南公馆开讲文学，听众之多，年轻听众之多，赋予了思南公馆新的文化韵味。还有意思的是，在文学活动开展之际，书店闻风而动，在思南公馆摆起了书市。你可以说有点人来疯，书都卖疯了，但是在时尚热地文学书受追捧，也是疯得可爱。

文学是一种享受，更是一种生活态度；文学永远在和读者玩一个有关生命、生活的"游戏"，这个游戏的名字是莎士比亚起的——to be or not to be。

重庆南路当当声远

撒开城市交通发展之必须,我肯定喜欢原来的重庆南路。那时候的重庆南路,头上没有那么长那么宽那么重的水泥板压抑着。重庆南路虽然有有轨电车,但是不很宽,马路两边走过时,眼尖就看到了对马路的熟人,隔着马路,摘下礼帽,欠欠身,招呼一声;若是有话要说,也就随意穿过马路。说不定也是约好了要到复兴公园茶室一道吃茶,说不定也是碰巧都到沧浪亭吃面,还说不定是在5路2路有轨电车站头一个下来一个上去,电车当当声中各奔东西……那时候的马路当中没有封锁线一般的隔离栏,更用不着"吭哧吭哧"跨越天桥。

马路应该就是窄的。记得年轻时候学英语,学到"在马路上"的介词用法,英语老师说,不能用 on,要用 in,道理在于马路很窄,两边是一幢幢房子,走在马路上,是被两边房子包裹的感觉。宽阔的路,仅仅是路,不再是马路,南北高架确实非常重要,但是它叫作南北高架路,不能叫作南北高架马路。叫作马路的路是人可以走的,有店有弄堂,有邂逅,有市井的叽叽喳喳,有沿街的行色匆匆,有大小楼房和主人的传说……这一切,因为南北高架而被无情拓宽了的重庆南路,已然"仿佛依稀",严重地残缺不全。

我想要写的重庆南路,是记忆中的重庆南路。可能是法租界的关系,也可能是交通极其通畅,生活很是方便,居住在这条路上的名作家名医名教授、资本家、社会闻达繁多，几乎是邻居般的前前后后。恰是他们的存在，决定了重庆南路的品格与分量。

我从淮海中路重庆南路的十字路口向南走，这里是重庆南路的发端，但是最小的门牌已经是37号，小于37号的单号门牌、昔日的四明里，全部翻做了绿地。

我知道著名老报人严独鹤生前便是住在三德坊，39弄7号。想当年，独鹤老人一家，出弄堂走几步可以到隔壁沧浪亭（9号）吃一碗面买几只糯米团子，是一件便当且惬意的事情；要是出门，出弄堂口便是电车站了，十来块方形水泥板一字排开在轨道边内侧，算是站台了，站在水泥板上也安全。水泥板和路面常有空隙，脚踏在水泥板上，有微微的翘动。对于作家、艺术家来说，脚底下的一个撬动，撬起来的是灵感，对于资本家和社会活动家来说，撬起来的是机会。

39弄似乎还残存着些房子，马路对面的30弄蒲柏坊也这样残存着。

蒲柏坊曾经住过一位不得了的人物——彭文应。我只能用"不得了"三个字来形容他。在20世纪50年代，彭文应是唯一一位"拒不低头认罪"的右派分子，后来也是仅有的5名中央级别未获平反的右派之一。我看过彭文应儿子彭志一的文章《爸爸彭文应的最后五年》，文章写于2004年，正值彭文应诞生百年。彭文应担任过民盟中央委员、上海市人大代表等要职。他是在1957年成为右派后，被从原来的一幢小楼里扫地出门，到这条弄堂三楼十几平方里度过余生。看过彭文应余生最后五年的文字，我的感慨就像是很老的老人才会有的那样：罪过啊。

"马头牌"水彩颜料的创始人、美专第二任校长张聿光开设的"马利工艺社"曾在蒲柏坊创业。

这两条弄堂，如今都没有了"面子"。1995年因为高架路拓宽，诸多临街面房子和弄堂口拆掉了，有"面子"的弄堂房子，只剩下了"夹里"裸露在外，不仅面目全非，还非常的不雅，像是一个人西装衬衫都剥掉了，还在马路上晃荡——重庆南路这样的残缺弄堂目前很多很多，以至于诸多当年如雷贯耳的大家，住了几十年，甚至就是在这一条路上告别人寰，都未能留下任何气息。这个遗憾，在这一段的重庆南路（淮海中路至复兴中路）因为里弄房子密集尤为突出。

当然，也有保存下来的。四明里的"壮烈牺牲"，换来了培恩公寓（妇女用品商店）完美留存。139号的首善堂和141号方济堂也留在了重庆南路上。首善堂20世纪初期建造，属典型的近代外廊式建筑，具有英国安妮女王时期建筑风格特征，墙为清水红砖墙，主要窗洞多为拱窗，旁边饰以壁柱。很多年间，这里是卢湾区区委区政府的办公楼，如今则是黄浦区人大和政协的办公地。有一个很固化的说法，这里也曾经是克美产科医院，不过住在附近的一位先生纠正说，克美产科医院是在长乐路，也已经拆除了。

稍稍朝南，便是南洋医院了。如果说政府大楼通常很少有人会进去，那么医院永远是市井老少咸宜。南洋医院如今叫作瑞金医院分院，老底子的旧楼早已经被铲平，唯一的南洋医院念想，是一座小小的石像，石像主是南洋医院的创办人顾南群。1916年，顾南群从日本学医回国，1918年独立创办了南洋医院。当时上海的医院多为西方的教会医院，像顾南群独立创办医院并不多。历经几十年坎坷艰难辗转，最终落地于此。

以往，凡是有医院的地方，必有好的地段，必有好的房子，还必有好的经济条件的人。南洋医院两侧也是如此。巴黎公寓、巴黎新邨、重庆公寓和万宜坊……便足以佐证。

在如今复兴公园东侧重庆南路的马路对面，有一长排公寓房子，百来米长，赭褐色的砖墙，外有阳台，钢窗。即便是新造的建筑，也不失气派和审美上的口碑，更何况，这已经是1936年的老房子了。

沿着巴黎公寓的弄堂口进去，会发现弄堂里的房子和巴黎公寓风格迥异，是三层高的新式里弄住宅。为什么弄堂口的"面子"和弄堂里的"夹里"是如此的不相称？这让许多过路人困惑。

面子和夹里各有各的名号——面子工程是"巴黎公寓"，夹里住宅是"巴黎新邨"。并且还是先有夹里，再有面子。

巴黎新邨1912年已经建造。想来100年前地皮不紧张，造房子还留下许多余地，二十多年后的1936年，在巴黎新邨靠马路一侧，巴黎公寓竖起来了。这一长排沿靠着重庆南路的板式五层建筑，如同对巴黎新邨起着围护作用，公寓底楼开设商店。这样看，里面的巴黎新邨安全、整洁；外面的巴黎公寓更显气派。巴黎公寓唯一的缺憾是面西的朝向。

所以，弄堂的说法是不确切的。所谓弄堂，只是巴黎公寓为巴黎新邨留下的通道。当然也是为了巴黎公寓自身，楼里的居民都是走后门进楼的。

虽然在房子结构上，巴黎新邨逊色于巴黎公寓，但是论人文名气，巴黎新邨响得多了。这一条弄堂的8号，曾经是蒋介石前夫人陈洁如的旧居。陈洁如与蒋介石1921年举办婚礼时，蒋介石34岁，陈洁如15岁。1927年，蒋介石宋美龄联姻，"恰"在美国游历的陈洁如被迫同意离婚。1933年，陈洁如化名陈璐，携养女瑶光寓居于巴黎新邨，终生未再嫁人。1961年经周恩来特批，陈洁如移居香港，1971年离世。2002年秋，陈瑶光将母亲的灵柩安葬在上海福寿园。至今，巴黎新邨的铭牌上，还记载着陈洁如与巴黎新邨的缘分。

有一点稍稍让人不知所以的是，在大楼红褐色砖墙上，有"巴黎新村"四个凹凸字，但是在铭牌上，这四个字写作"巴黎新邨"。"邨"是"村"的异体字，现在已经不用，但是上海的民居，"邨"与"村"是有约定俗成区别的。"邨"主要是指老式的公寓建筑，比如陕南邨、愚谷邨，"村"那只能是工人新村了。在"文革"中，所有的"邨"一律降格为"村"，"文革"后，大部分的"邨"回归了老公寓建筑，也有一些老公寓没人管，一直"村"到了现在。住着的老居民是不开心的。就像比邻巴黎新邨的"永丰村"，三个大字刻在弄堂口的门额上，一个住了五十多年的女士说，看到这一个"村"就戳气。

不管谁对谁错，巴黎新"邨"和巴黎新"村"同在，总是有欠严谨，也似乎是对这个民居住宅的失敬。

卢家湾水塔,儿时的"东方明珠"

人文名气是建筑物的灵魂。

当陈洁如孤寂寓住巴黎新邨时,另一个女性则是夹带了时代的风云离开了吕班公寓(如今的重庆公寓),这一位女性便是美国记者史沫特莱。1928年史沫特莱以《法兰克福报》特派记者身份来到中国,协助宋庆龄成立中国保卫人权同盟,1931年在上海活动期间她就住在重庆公寓。重庆公寓的铭牌上是如此记载的,但是也不经意间露出了一个破绽——那时候还没有重庆公寓这一幢房子。

重庆公寓建于1931年,也有一块铭牌挂着,坐落于重兴南路和复兴中路街角,呈L形延伸。初看它很森严,走进公寓大门,里面还是一个花园,依稀可见当年的环境幽静和装饰细巧。那个时期ART DECO(装饰艺术风格)风靡建筑界,在上海诞生了一大批代表性的建筑,重庆公寓便是其一。在四楼五楼趴在窗台上,闲看有轨电车当当来去;稍稍抬眼,看到了斜对面的复兴公园草坪,如今重庆公寓的四楼五楼仅仅是和高架路齐眉。

史沫特莱在上海活动无疑,在上海这一带活动也无疑,是否住在重庆公寓,留待史学家考证。

某日,我也是仗着"老上海"的身份,陪了几位朋友走进重庆公寓大门。大堂一个保安看着我侃侃而谈的样子,以为我是旅行社导游,起身吆喝驱赶。幸好有一中年女子从公寓楼梯款款而下,是我的中学同学,我算是来访友了。中学女同学当年嫁入重庆公寓,男方的父母亲应该是知识分子或是资产阶级或是领导干部,算是很好的婚姻了;当然我的同学也很优秀,虽然有了点年纪,不免略略丰腴,还是很好看。主要看气质——公寓房子自有公寓房子的气质。

重庆公寓除了史沫特莱,还有一位女性,既是虚构的也是真实的——《色戒》中的王佳芝,历史上的郑苹如。李安导演拍《色戒》,来上海拍摄的第一个镜头,就是汤唯从车上下来,走进重庆公寓,踏上回旋式楼梯。电影中,重庆公寓是王佳芝的寓所,王佳芝的原型郑苹如当年住在重庆公寓南端的万宜坊。

那就去看看万宜坊吧,这才是当年吕班路上集人文记忆之大成,也是代表了吕班路最高级的民居建筑。在弄堂口驻足想象,仿佛看到了一个又一个社会闻达踱步出入,天庭饱满,目光深邃,一脸善相——数学教育家胡敦复,晚清民国年间大学问家王同愈,制墨名家、胡开文文具店店主胡洪开,耶鲁大学无线电博士方子卫,锅炉安全鉴定专家陆绪常,现代文学的干将钱杏邨、蒋光慈、胡也频、丁玲,复旦大学创始人马相伯……

这仅仅是同一条弄堂的错时代邻居。

当然,最显耀的人物是邹韬奋了。邹韬奋于1930年迁居万宜坊54号,一直住到1936年。邹韬奋纪念馆设在邹韬奋的旧居,非常小巧却也因此亲和。

万宜坊是当时法租界一流弄堂住宅,有主楼,还有汽车间,小区各种辅助设施非常完备,给人以安全、舒畅的感觉。1930年一幢三层房子的售价约在黄金250—280两之间(约合今天230万元)。住户大多是有经济实力的富商实业家、中高级官员以及一些成名的高级知识分子。

弄堂外，是有轨电车站头，对面有教堂和晓星小学。圣伯多禄堂1932年建，因南北高架而拆除重建；晓星小学1923年天主教会创办，因南北高架移位而保留——在作为文物移位保留之前，这里是重庆南路小学，每天小学生打打杀杀，冲上冲下。还有公园、医院、娱乐、学校……闹中取静，这就是高档社区外环境的不二法则。

如今这一条弄堂再也聚不拢当年的人文风气了，但是走进弄堂还是可以明显感觉到安静与松和，也有点老派。有送水工上门，上了年纪的女人来开门，而后女人和善地关照一声：谢谢侬下趟关铁门轻一点，有老人困觉……

再向南，是二医大，住在附近的人习惯叫二医大，而不是它现在的官名：上海交通大学医学院。二医大由圣约翰大学医学院、震旦大学医学院、同德医学院于1952年合并为上海第二医学院。圣约翰大学是美国基督教圣公会建于上海的一所教会大学，建于1879年；震旦大学始于马相伯创办的震旦学院；同德医学院建于1918年，是由中国人在上海自办的一所私立高等医学院校。以前，在二医大还是威严神秘的年代，从来未敢进去过，如今敞开大门了，倒也没想着要进去了。

继续向南，是电车三场——依旧是一个老法的称呼，是1965年的叫法；它的最原始的称呼是上海法商电车电灯公司，是由上海法租界公董局开办的洋泾浜电气厂经演变发展而创办的企业。那已经是1906年的事情了。一百年前当当声，至今回响卢家湾。

到了卢家湾，重庆南路也就走到了尽头，却还有一座地标性建筑物留在了心里，那就是卢家湾的水塔了——曾经坐落在重庆南路徐家汇路的西北街角。记着它，并非是饮水思源，于我的少年时代，水塔最重要的意义是塔。四五十年前，这一带几乎都是低矮的民房，水塔是最高的了。少年同学结伴向南走，过了建国路已是陌生，迷茫间抬头看到了水塔，便知道卢家湾到了，东南西北有了方向。当年卢家湾水塔的地标作用，犹如现在的东方明珠乃至上海中心。其实水塔的高度大概也就是二三十米吧。

水塔之下，徐家汇路泰康路口，有一处"纪念二六轰炸被难同胞"的纪念地。水塔拆了，街角的花坛有一块"抗美援朝保家卫国"的石碑，应该是石碑的原址，花坛应该是为这一块纪念碑特设的。纪念碑不高大，却踏实。石碑的背面是铭文，记载了1950年2月6日美蒋飞机轰炸徐家汇地区的过程和上海人民同仇敌忾的决心。小时候，常听大人说起"二六轰炸"，美蒋飞机主要是炸杨树浦发电厂，而且炸得很厉害；卢家湾电厂没炸到，炸到了民房。还记得大人说时严峻的神色——我家住在淮海路，也就三公里的距离。

2路有轨电车的终点站，也是在卢家湾。电车在鲁班路徐家汇路十字路口调头，停一歇，又当当当，往十六铺方向开去。

有轨电车，似乎一直是上海人怀旧的谈资。不过在1975年，最后一条有轨电车线路3路电车已经拆除，所以有轨电车的社会记忆有点模糊也有点不一致了，权威可信的史料资料也很难找到。重庆南路是有有轨电车的，但是到底是几路，是几条线路，说法不一了。我很清楚记得重庆南路淮海路的那一个车站有2路和5路有轨电车，2路去十六铺码头，5路则是去北火车站。

我曾经是5路有轨电车的乘客，小时候去阿爷阿娘家里恰好是5路的路线，也就是在淮海路重庆南路这一个车站上下车。所以，我太知道车站上哪几块水泥板地下是有空隙，脚踩上去是会微微翘动的，那时候还小，撬不出什么灵感的；如果是雨后，踩下去，水泥板下就会溅出些污水，有时候"射程"还蛮远的。也是在5路电车上，我跨越了1.2米以下儿童免票的黄色贴标，列入了成人买票的行列。大概也能说，5路电车上的1.2米身高标志，见证了我从儿童到少年的进步。有点仪式感的。

还记得的是，上了电车总是要跑到最前面，隔着一根铁杆，看司机开电车是最大的享受。最早电车司机是站着开电车的，不时地踩几下铁踏板，下面的铁轨上就传来了"当当"声响。有人觉得当当声蛮烦的，但是当年张爱玲住在常德公寓时，夜里偏偏是听了当当声才会入睡。

5路电车开到了淮海路就向东转弯了。这一个转弯角有徐重道中药房——"重道"这店名起得多好啊，把自己的良心挂在门面上，还有淮海副食品商店……

我有一篇文章写到了2路和5路，在微信上互动很强烈。

有人说重庆南路只有2路，没有5路，一条路上怎么会有两条线路？在当年也太奢侈了。我很确信有5路，因为小时候去爷爷家就是坐5路去的，5路的终点站是北站；我也确信有2路，是从卢家湾到十六铺的；我唯一不清楚的是5路另一端的终点站，一定不是在卢家湾，它是从哪里开出来的？小时候很少向徐家汇路方向去，印象也就淡了。

有一位"风叶"朋友说："重庆路向东转向淮海路的有轨电车有两条，南面起点都是卢家湾，经过八仙桥后在金陵东路分道，2路到十六铺，5路到老北站，我父亲当年就是2路电车司机。"

我依旧怀疑5路是开到卢家湾的。

有一位对5路情有独钟的读者说，5路电车的重庆南路终点站，是在卢湾区工人俱乐部门口。他的依据是，小时候去闸北大姑妈家，从鲁班路家到附近卢家湾过卢家湾桥再过建国中路，到以前的卢湾区工人俱乐部门前乘5路有轨电车……如果5路终点站在卢家湾，这位朋友何必舍近求远，从卢家湾走到建国路再乘5路？

但是这位朋友只是证实了5路在建国中路有站头，未能证明这就是终点站。

终于，我找到了1959年的"上海有轨电车网线图"，应该是当时的官方版本吧。图上明确说明，5路电车是从徐家汇开往北站——9.7公里，一共21站，底到底的全程票价应该9分，是有轨电车的最高票价了。行程不短，当年的徐家汇，感觉上已经是上海西南大门了。

后来，有轨电车拆掉了，5路没有了，无轨的12路取代了有轨的2路。

水塔拆掉了，卢家湾周边造了很多的高楼，高度远远超过当年的水塔，但是没有一座高楼的名气比卢家湾水塔响的。就像我们记住了2路和5路有轨电车遥远的当当声，却记不住重庆南路现在有多少条公交线路一样。

为什么呢？我想问问1902年便已经开通的吕班路。这是重庆南路的初始名。

光明村还有侬不晓得的事体

光明村的熟食还有鲜肉月饼像是老有名了。排队总归是老长老长,到了节日里更加长了,有人会从大杨浦开了车子过来,不讲排队的辛苦,拿停车费算进去,真不便宜。光明村旁边是条弄堂,也叫光明村弄堂,弄堂不长,排队就顺了弄堂排进去,差不多就排到了弄堂笃底人家门口了。据讲光明村的鸭翅膀蛮灵,翅膀到了光明村,真是插翅难逃了。

卖熟食的店交关,就是光明村生意最好,名气也最响。有人弄不懂,到别地方去买了点熟食,弄清爽了,有交关人家的白斩鸡酱鸭卖相差不多,吃到下头是连刀块,光明村的生活就是清爽。

有人也问到我,侬老早住了光明村弄堂,侬讲是啥原因呢。我讲,我勿认得伊拉,不是做广告,光明村排队除了味道好,还有是伊"风水好"——伊拉排队不是现在,老里老早就排队了,至少有四十年,伊拉门口一直是排队。老早也是卖熟食?老早不卖熟食,不过侬要晓得,老早勿叫熟食,叫熟小菜或者熟菜。一讲"熟食"就有点"巴(子)了"。

光明村最早的人气是菜馒头,真额,四十多年前头光明村馒头名气老响。格辰光是叫光明村点心店,还不是现在大酒店。精白粉菜馒头肉馒头豆沙馒头,5分一只,半两粮票。不管是啥馅,上海人都叫馒头,包子是北方人的叫法。

家里有人客来,大人给我5角,半斤粮票,去买10只馒头,一般是五只菜馒头五只肉馒头；人客吃勿脱，就是阿拉吃。所以买馒头是一桩开心的事体。排队排上去，人虽然小，口气勿好小："五菜五肉"，人家一听就晓得是一直吃的朋友，实际上面孔就不像。有辰光排队排上去，一笼馒头卖光了，只好等，里头是菜馒头的麻油味道飘出来，外头是西北风吹进去，人就立了风味当中。

几年前，《解放日报》记者沈轶伦采访我，写了《作家马尚龙：生活在光明村的风与味之间》专访，写得很精彩很传神。其中一段这么写——

> 马尚龙说："我早饭吃过大饼油条粢饭糕，也在店里面吃过面，但是从来没有在早上走进点心店吃过一碗面。早上可以到点心店吃一碗面的人，不是等闲之辈了，要有钱，还要有闲，吃一碗面，从排队买筹码，到坐在位子上等，吃好面差不多要一刻钟了，当年早上有闲的人是不读书的人、不工作的人，那么就是小开之类了。"

普通人家去光明邨，只能去吃馒头。有时是只买一个馒头。而买单个肉馒头的时候，店员还会在"馒头下面衬一小张油纸，拿着就不会很烫手。店员不必拿了油纸去衬馒头，是用铝合金夹子夹起馒头在一沓油纸上一沾，便沾起一张油纸。馒头吃下去了，香味道还留在油纸上"。

有关光明村，还有一段记忆，交关人根本不晓得，晓得的人也几乎忘记脱了，那就是光明村的烟囱。光明村有烟囱？当然有烟囱，而且有烟囱的时候，光明村还是烧煤，不是烧煤气的。真是罪过，我家里是有煤气的,却要蒙受人家生煤炉的苦。那一根烟囱就竖在光明村西侧,原来这里有一条很狭小的夹弄,光明村的煤堆在夹弄里,烟囱在夹弄里一直升到四层楼高。有烟囱就有烟,烟里有油腻还有煤屑。光明村后排的朝南房子,吃煞烟囱的苦头,冷天倒也算了,天热,西南风吹来,"油嚎气"煤屑屑一道吹进来,满房间味道,一台子糅合油嚎气的煤屑屑,揩也揩不清爽。墨墨黑的烟,一直好吹到长乐路。

那时候老百姓老实,不晓得问光明村要补贴,也不会去吵相骂,只晓得去向居委会反映情况。向居委会反映有乱用?后来听说暗地里去吵了拿补贴的"小刁模子"也是有的。大热天,朝南窗都不敢开。只有到了夜里六点钟后头,光明村生意落市,朝南有了朝南的享受,南风可以吹到第二天早晨五点半,光明村又要生火了。一直到"文革"中淮海路普遍装了煤气,这一场的"煤油"灾难才算是结束。

有谁知道菜馒头的麻油香背后,还有糅了油嚎气的煤屑屑——不知道这一段,就别和我说是住在淮海路的。

后来馒头不稀奇了,光明村又起过一只蓬头。现在80后小朋友们小辰光老有可能来过,是伊拉阿爷阿娘外公外婆领得来,就为了一只"一口鲜"。想得起来哦?是豆腐衣包起来,里面有肉丝金针菇等等,面拖油炸的。基本上是大人带了小朋友排队,买一只,大人不吃小人吃。一口鲜味道不错,不过渧溚得来,地浪厢一天世界油污,当初还没有环保意识,所以一口鲜的排队一点勿输给现在的光明村熟食。

再后头倒是清爽了,光明村有过很落魄的年代——开过麦当劳,还开过"真丝大王"。到了熟食时代,光明村像是台湾歌手黄小琥,又红起来了,"爱没那么简单",一记头就唱到了"排队没那么简单"。有辰光看到光明村玻璃房里堆了老高额鸭翅膀,我会想到另外一支歌歌词:"我知道,我一直有双隐形的翅膀,带我飞给我希望。"想得太远了。

实际上,在鲁班路上,有光明村的配售中心,熟食都是那里送出来的。叫是叫中心,就没啥人排队,这就是上海人的人来疯了,也是蛮可爱的。不过,后来有光明村领导告诉我,淮海路光明村的熟食是自己做的,鲁班路配售中心都是配给其他门店的。人来疯也值得了。

光明村大酒店的生意也是好得来"勿去讲伊"了,基本上成了中老年校友会的集散中心。包房要提前几个月预订,大堂散席也是一桌难求。我去过几趟,最大的感受是,吃好饭回来,喉咙哑了。男高音进去,沙喉咙出来。因为大堂吃饭的朋友都是高分贝,像喊口号一样讲讲当年讲不出口的悄悄话。

除了熟食还有鲜肉月饼,据说要排队五六个小时,居然还有黄牛。中老年吃客是不会睬黄牛,排排队讲讲闲话发发微信,一歇歇几个钟头就过脱了。

光明村是上海人的记忆。在写这篇文章时,我也用点上海话的口音来写,但愿写出来一点光明村菜馒头的麻油香。

感情跟着记忆走

稍稍显摆一下，四十多年前，我已经是上海静安人了，虽然我报出生的淮海中路属于卢湾区，也不差。静安历来是"上只角"，我对静安的了解，对静安的喜欢，始于彼时，算得上资深了吧。

足足有二十多年，我每天进出于巨鹿路爱神花园。当然我不是住在那里，是上班工作于兹——上海市文联、上海市作家协会的办公地。当时"爱神花园"这四个字还讳莫如深，但是20世纪70年代第一次踏入花园时受到的震撼，清晰如昨。后来还知道，在静安区，老洋房老建筑很多。我曾经这么评价老房子对于上海的重要：看一个城市的热闹，可以看它有多少新房子；看一个城市的历史，可以看它有多少老房子；掂量一个城市的厚重和心胸，可以看它有什么房子。静安便是有热闹、有历史、有厚重和心胸的地方了。静安，堪称上海之秀。"秀"有两层意思，一是袖珍的秀，二是秀才的秀——是有学问有功底的。

这并不是简单地将房子来界定城市。想象这些老房子曾经的主人，他们中的很多人，同样是静安的荣耀。以前民间热衷于将上海分为上只角和下只角，所谓的上只角，恰恰是一幢幢洋房，也或者是上好的民居平地而起，文明、文化、富裕也应运而生。

四明邨，这条上海人司空见惯的新式里弄，在近一个世纪前见证了14位近现代名人的生活起居，是名副其实的"文化名人邨"。像四明邨这样的文化达人坐落是极致了，至于社会闻达，在静安比比皆是。

凡社会闻达居住之处，必是宜居，衣食住行，乃至文化娱乐交通，必是规模有序。美琪大戏院、凯司令、上海展览馆、吴江路、嘉里中心、百乐门、恒隆中信泰富梅龙镇、静安寺……构成了上海西区生活娱乐的中心地带。至今静安文化生活的繁荣，还是透着静安厚重的家底的。

与原来的闸北区合并之后，静安区不再袖珍了，倒是有了沧桑感。商务印书馆亲历了中国现代文学的发端，老北站目睹了110万上海知识青年上山下乡的悲情，曾经的上海两大公墓地广肇山庄和联义山庄呜咽有声，如今的大宁绿地则是和静安公园大小迥异，错落有致……

我去过原来的闸北图书馆讲座多次。总是会有读者问我，对闸北区不熟悉吧？我当然是笑而反问，您在闸北区生活了多少年？我又要显摆我的资深闸北了。我对闸北有着非同寻常的亲切。大约是一百年前左右，我爷爷从宁波到上海学生意时候，举目无亲，还是一个名副其实的小赤佬，就是住在闸北，后来依凭着自己的勤奋、诚实和聪慧，在上海立稳了脚跟，有了自己的家业，有了儿女子孙。爷爷家住河南中路，典型的石库门房子，更早是在七浦路，靠近浙江路，不过都已经拆掉了。尤其是七浦路爷爷一手创下的家业，听说要拆却无拆，我一直想去探望。终于有一天，我去了，房子没了。

倏忽间想起了爷爷奶奶所安葬的公墓地被夷平往事。爷爷奶奶身后葬于联义山庄，"文革"时公墓因为属于封资修而被军管，扫墓祭拜一律禁止入内。我父亲过两三天就会骑了自行车去公墓地，隔着军人的岗哨，远远张望墓地。身为儿子很无策，去世的父母入土不安。终于有一天,我父亲看到了军人的岗哨,却再也看不到自己父母的坟地。广肇山庄和联义山庄两大公墓地被夷为平地。这一个所在,大约就在原来闸北区汶水路附近吧。现在都是新的民居了。

小时候我常去爷爷家,从前客堂奔到后厢房,从大弄堂窜到小弄堂,出了弄堂就是河南路桥浙江路铁桥……石库门的市井生活不仅了然于目,而且也就是厮混其中。我的童年生活因此更加鲜活。我问闸北的朋友,60年代初,我在闸北石库门弄堂里捣蛋的时候,你们在哪里?闸北朋友们回报我的是掌声。

几十年过后,我写了《上海制造》《上海女人》,反响不错。常有朋友问我,你到底是生活在什么区域的,怎么各种层面的上海都是如此熟悉?我心里明白,有相当部分,来自闸北石库门留给我的市井记忆。

所以,和很多人不一样,当静安和闸北融合为新的静安时,于我,是将两段记忆糅合在一起——其实这两段记忆非常独立地存在,根本无法糅合在一起的,在我心里翻腾;只是我心间有一道闸,于是心就安静——那就是闸北和静安的合一了。

喇叭口的"咒语"

一直有点奇怪,几乎所有和淮海中路相交的马路,都有故事,都有人在写文章,即使隔一两条横马路,也有得好说,甚至是一条弄堂一家小店,也会有娓娓道来的传奇。唯有一条马路,地处淮海中路的中心地段,它的南端尽头是淮海路,是淮海路中心地段仅有两条的丁字路口(另一条是雁荡路),理当像是当下丁字裤一样招惹招摇,或者说,像是一个喇叭口喧嚣入耳,可是很少有人在说它。

成都南路。我特别熟知、特别有感情的一条路,连我自己都奇怪了,写过上海那么多条路,直至现在才想到了它。

我在网上搜寻这一条"丁字裤"或者这一个"喇叭口"的往事故人。

先是感觉到迷离,似乎没有多少人在意。再看下去,突然跳出来"咒语"两字。是在 KDS(宽带山)上。宽带山真是久违了,它原来是上海电信的官网论坛,不知不觉地成为上海人本土市井文化的高地。有网民写道:"淮海中路成都南路以前伊势丹那地方被诅咒过";还有网民写道:这一带的魔咒不止一个,还有延安高架和南北高架架起龙柱之前……

我诧异。哪里会有魔咒?我从来未曾听说,我也不相信。成都南路这一段,我读书乃至后来,不知道走过多少回,有我的小学和中学同学,有我的青春做伴;同学名字有点记不住了,绰号却是没忘记,比如"芋艿头""白癞痢""烫山芋";有我的买油条、拷酱油的记忆……剔除了成都南路，我的上海就不完整。但是我也不得不接受这里的冷落。2015年，伊势丹的遗址，在经历了和万得城的聚散后，好不容易重新命名为"阳光527"，全智贤代言的滴乐咖啡首家海外分店，也在此开张，信誓旦旦，雨后彩虹；没几个月，再一次人去楼空。从华亭伊势丹2008年撤离至今，整整十年，恰似陆游《卜算子·咏梅》之名句：驿外断桥边，寂寞开无主。已是黄昏独自愁，更著风和雨。

不管是最后的"阳光527"，还是之前的伊势丹，还是最早的广告牌，它都堪称是成都南路的牌楼。成都南路之被大家淡忘，是因为牌楼徒有虚名，还不如是在当年广告牌时期。那时候的成都南路非常市井，是淮海路和之前霞飞路的一个留白之处。

幸好"瘦西湖"还留在大家的记忆里。很有意思，三五十年的社会市井变革，最守得住的记忆，不是大脑本身，也不是长篇宏论，而是肠胃功能和味蕾系统，它们记住了几十年前的风味。

如同店名，瘦西湖是瘦长的。门面有三开间，却是没有多少深度，是和楼上的居民同样的房型格局，因为瘦长，店堂里摆不下几张台子。经典的"双档""油豆腐细粉"是瘦西湖的招牌，也是轧朋友的男女在淮海电影院看完电影后的享受，"双档"也蛮讨口彩。这是在瘦西湖三开间门面最南面做的生意，最北边的是大饼油条粢饭糕，当然还有粢饭，店门在中间，进去一边是买筹码，一边是豆腐浆。十几只蓝边碗摊在白铁皮台子上——那时候还没有不锈钢，淡浆、甜浆、咸浆，有店员杂耍式地甜浆摆糖、咸浆摆葱花油条榨菜虾皮，一勺子一勺子，有点像杂技转碟……排队之际，也就是欣赏了。名气很响的三丁包，已经是 80 年代的后起之秀了。

瘦西湖后门开在隔壁弄堂"仁寿新邨"里，后门也就是"后台操作"之地。油豆腐细粉的细粉是要泡的，泡好的细粉倒在淘箩里沥水，那个淘箩足足有水缸一样大，偶有细粉倒在了地上，拾起来冲一冲，又倒进了淘箩，也未听说有食物中毒的，眼不见为净便可。粢饭糕是要用模板压的，压好后搬到店堂白铁皮台板上，一块块切开来。当时居民也好讲话，瘦西湖后门弄堂里一年到头嗒嗒滴，瘦西湖楼上居民终年享受桑拿的"湿蒸"和大饼油条粢饭糕的焦油气。要是现在，没有补偿居民肯定不答应的了。

这要归结于这条弄堂的名字：仁寿新邨。"仁寿"两字，不是因为仁而长寿的功利关系，而是既仁且寿的人生境界。就像仁寿新邨这一个"邨"在成都南路很少见一样，里面有一幢房子属于上好的新式里弄风格，建于 1928 年，有三层楼房九个门户，每一个门户都有突起的台阶和小小门廊，还有半圆的阳台，若它"投胎"在武康路湖南路，是不错的房子，可惜没有查找到社会闻达曾经居住，也就少了文化和历史的气韵。

仁寿新邨与瘦西湖比邻，却不是以瘦西湖出名，它的名气在于弄堂内的一座小木屋——传呼电话亭。从淮海路到长乐路一带一个居委会辖地的电话传呼，都是在这里传来呼去，当然也是路人的公用电话亭。弄堂口墙上钉了一块铁皮红牌子"公用电话"。小木屋有门，也有木质的移窗，移窗有小窗台，摆着一个拨盘的电话机。里面坐了两个接听电话的阿姨，还常常戴了红袖章。一个文化稍好，负责接听电话，要把对方的姓名记下来，一个脚劲好，负责去叫电话。冬天，手里焐只热水袋或者盐水瓶，若是夏天，移窗和门都开着通风，阿姨手里有一块冷水毛巾揩汗。

这个传呼电话的号码，还是六位数年代，相信此地的居民一生一世都不会忘记，284785，用上海话来说，就是"两泡水七泡污"（沪语，两泡小便七泡大便之读音），笑煞人，倒是也记得住。当然，传呼电话至今让人想起，是它当时承担着个人市井信息的传递。某年，某先生在产院陪产，直至晚上七八点钟还没有动静，护士关照这位先生可以回家了。第二天早上7点刚过，传呼电话阿姨在弄堂里呼叫这位先生，告诉他，中德医院来电话了，他爱人生了，快点去医院。这是电话亭早上7点上班后接到的第一个电话。因为不需要回电，这位先生只要付4分钱的传呼费就够了。当年生儿育女就是这么简单便宜。

现在，传呼电话小木屋没有了，瘦西湖也没有了。几天前特意走过去，一看是个婚纱摄影，玻璃门锁着。仁寿新邨弄堂在，但是"仁寿新邨"四个字没有了，只剩下一块绿色标牌"成都南路142弄"。

你不仁，自有仁在，那就是隔壁弄堂"美仁里"，典型的石库门。小时候一直以为是"美人里"。如今"美仁里"三字还刻在过街楼底梁上，灰底红字。凡有过街楼的弄堂，便会有鞋匠、白铁匠、锁匠、老裁缝、小剃头……在过街楼下做着遮阳挡雨的安分小生意，远近都会有人来。修鞋子钉鞋掌的生意绝迹了，锁匠摊倒是还在，不过挂了半墙的电动车防盗锁，一副防江洋大盗的样子，和石库门已经不般配了。

美仁里的沿街面有几个早已经消逝了的兴奋点。剃头店，酱油店，老虎灶，煤球店，烟纸店，烟纸店外面上街沿上还立了一个邮筒,大半个人高。还有一家小百货店,卖卖牙刷牙膏、针线,店主一口"石骨铁硬"宁波闲话。冷天时,柜台上方木窗玻璃移门还有一小格是活络的,有生意就打开,没人来就关拢。店主面对马路,背靠一张当门帘的被单,被单后面便是店主的卧房了。小店的格局大都如此。要是夏日里,店主便在"夜快"(沪语,傍晚)时,在店门前上街沿,浇几面盆冷水降温,摆出矮桌椅子,吃夜饭乘风凉,小老酒咪咪,芭蕉扇摇摇。热天成都路上,向来有居民乘风凉过夜的。那些影视基地里肤浅虚假的市井风情场面,在这一百多米的马路上,极其浓缩且厚实地存在过。

美仁里尚在,美人却迟暮。走进弄堂,偶见几个五六十岁乃至更年长的男女在聊天。弄堂里再也见不到戏耍的孩童,他们和他们的父母大多搬出去住了。

老虎窗像是在"垂帘听政"

在成都南路长乐路口,穿过马路往回走,如今的便利超市,昔日的米店。印象中,它叫"常德泰",大约是公私合营之前的店名。米店稀奇吗?稀奇。只有米店才可以卖米。如今米多少钱一斤,没人说得清楚,但是50年前的米价,还像被烙铁在心里烙过一般:籼米14.3元一百斤,粳米16.4元一百斤。买米需要粮票和购粮证,但是有了粮票和购粮证,不见得可以买米,还有面粉的配给,还有山芋的配给。40斤米,从"常德泰"一路背回家还要背上四楼,要不是有青春期虚荣心的骚动,常态化饥肠辘辘是做不了这苦差事的。当然,这苦差事,做得了是你做,做不了也是你做。因为,每一个和我差不多大的少年,都在做同样的事情,不同的是,我不仅负重,而且登高。

这一边的成都南路,除了常德泰,也就是两条弄堂。很多年之后,才知道那两条弄堂也是很有来历。庆成里,旧式里弄,建于1912年;霞飞巷,建于1912年,还有门楣存立。其实这一条马路上都是年逾百岁的老房子了。我至今未能明白的是霞飞巷,为什么会有一条"巷",这不像是上海人弄堂的名字,8幢三层楼。霞飞巷,后来也叫作淮海巷了,和它斜对面的仁寿新邨三层楼房一样,是成都南路上少有的有煤气、抽水马桶的老房子。

这就是上海人概念中的"洋房"了。现如今都在说老洋房,以为一幢幢的小楼才是洋房,其实还有更多的不是小楼,通常它是西式风格的,甚至还有壁炉,最核心的价值是有抽水马桶乃至浴缸,抽水马桶的难度在于小区要有配套的化粪池。大多数旧式里弄这样的中式建筑,都没有抽水马桶。这也好理解,抽水马桶是西方文明的产物。有抽水马桶的楼房,在上海,就叫作洋房。

直至七八十年代,上海市中心很少有抽水马桶。仁寿新邨和霞飞巷有抽水马桶,是洋房,但是很不幸,它们没有处于一个洋房区,而是被一大片石库门和旧式里弄房子包围着,之于外部的市井社会,不容易被路人发现,住在洋房里也会被人家当作是住石库门;之于成都路的一大片旧式里弄房子,它们虽然不无优越感,鹤立鸡群而要迁就于鸡。

一个居民区没有抽水马桶,便衍生两个方便之处,一是弄堂小便池,二是蓄粪池。算不算是保持某一种特殊的社会平衡?有抽水马桶的仁寿新邨洋房楼下,造了一个露天小便池,给予隔壁弄堂石库门男人方便;从弄堂口经过,还看得到男人的头在晃动。霞飞巷明明家家有抽水马桶,80年代弄堂口造了一个蓄粪池,也是给对面石库门人家提供方便的,早上有居民来倒马桶,下午有环卫车来清除。住洋房的心里恶,但是面对石库门的水深火热,也没有办法。还是老实厚道,如同"仁寿新邨"的仁字。

洋房石库门出恭之地有好坏,但是衣食在同一条市井之路上。在淮海路东西两个街角一家"蓬莱药房",一家"大众服装衬衫"。准确地说,它们的门牌号码是淮海路,但是两家人家都开在了街角,即使是现在,仍旧很明显的两个切面。蓬莱药房——70年代的"红卫药房",从安乃近(退热片)到四环素土霉素 SMG(都是抗生素),我都去买过,每逢扁桃腺发炎发寒热,就是这些药对付了。没有什么处方药的说法,营业员就是医生了,他告诉你应该吃什么药,什么价钱,在一个名片大小的专用纸袋上,写上了药名和吃法,每日三次,每次一片……幸好彼时我已经恒牙长齐,珐琅质"锃亮"。可怜的是六零后一代很多人,幼年时期"吃素"长大(四环素土霉素),待到乳牙褪尽,长出来的恒牙像木屑一般,一代人患了时代病——"四环素牙"。

后来药房改成老大昌了,后来老大昌改为饭店了。同样是入口之物,却是食物对药物的颠覆。这一场颠覆倒也是有根据的。相信很多人已经忘记了,在蓬莱药房东首的淮海路一侧,还有一家"朝阳点心店",极为细长,单开间的门面一直可以走得很深;也可以算作是淮海电影院的"特供"吧。恰是这一家饮食公司旗下的"朝阳点心店",吞并了药房,涅槃为饭店老大昌。再后来,是1998年,这个地方摇身一变,哈根达斯上海旗舰店开出来了,"爱她就带她吃哈根达斯"的广告,贴在了两层楼高的落地玻璃上,弹眼落睛;在里面对坐品哈根达斯的男女,像动物园里熊猫一样被路人欣赏——当年的男女一坐就是二十年,坐到了大妈爷叔的年纪,这里不再叫哈根达斯,而是叫"老人和"。

彼时,哈根达斯对面的伊势丹,开业已经五年,正值奢靡起势。八楼有家蓝带夜总会,晚上七点过后,便有差头接龙般靠边停车,跳下车的不是肥胖男人,便是妖艳女子。下了车,直接去了八楼。顺便一说,妖艳女子走向夜总会的那几步,蛮有意思。上街沿不免有男人凑近距离观赏,尤其夏日,像是夹道欢迎;妖艳女子很是高冷,眼睛都不瞟他们一眼,矜持得来像贵妇人,心里的缘由在于,夹道围观的男人不是夜总会的主,不是她们的客。直至销魂的半夜,伊势丹前差头一部接一部排队,等候着亲昵无度的男女。

待等到"阳光527"也太阳落山,有知情人突然想起,这个地方原本可能是没有伊势丹的,这一带成都南路亦早就消亡的。南北高架曾经有一个方案,是从成都南路上空路笔直通过,成都南路全面动迁,伊势丹前生的广告牌空地正好利用;只是宽度不够,西端的渔阳里是红色纪念地不可以拆,只有拆东端的永业大楼和妇女用品商店(培恩公寓);后来这个方案被否决了。于是南北高架路以一个大弧度,绕开了永业大楼和妇女用品商店,贯通南北。这一个大弧度,决定了永业大楼和培恩公寓的活,也决定了成都南路这一带居民的原地不动,他们就此没有动迁,也不像长乐路之北的成都南路,被延安绿地绿化掉了。原封不动地住在石库门,说不清楚是人生之幸还是憾,说得清楚的是命了。

虽然,沿街面的老虎灶拆掉了,酱油店烟纸店米店,还有小皮匠老裁缝都已经不见踪影,但是小弄堂过街楼还在,成都南路的石库门市井、格局和气场依旧,重新开出来的只有小店才开得下去,像瘦西湖遗址上的婚纱摄影,总是牵强,像是在老虎灶里吃咖啡。略看看,一两百米的路上,开出来的都是市井小店,凡拗造型、玩情调的店家都是好景不长。

看着看着,我想到了成都南路淮海路这一个喇叭口的咒语。我从不相信会有什么咒语,但是我也分明看到了这一个喇叭口的商机萧瑟。虽然时有商家老板不信邪更不知邪,踌躇满志要在这里大展宏图,可惜宏图尚未展示开,穷途已在眼前。伊势丹和蓝带夜总会的繁华,只是那一个奢靡时代之初的幸运儿。这一个喇叭口,或者说，这一条丁字裤，它的市井风情极其浓郁，它的生活气场极其强大，以至于至今，弄堂里的二层阁、痰盂罐、老虎窗，虽已陈腐，还像是垂帘听政的老佛爷，决定了弄堂外面的命运。这一个喇叭口吹出来的，只能是"廿四根肋骨弹琵琶"，甚至还是"马桶拎出来"……

于是，我也就幻想成都南路另一幅画面。或许，它就应该是上海旧时市井生活的活体博物馆。老虎灶重新树立起来，即使不烧煤球了，也不会再有泡开水了，但是有了真实的老虎灶，必有真实的老茶客，还有酱油店，烟纸店，点心店，小皮匠，还有一小格活络木窗，还有弥散在这一条小马路上的弄堂烟火气，虽非新潮，却似一本分量不轻的书……都是真实的存在，小而简陋，土而深远，给予淮海路和上海一个回溯往昔的留白出口。

且说市井之"长乐"

上海市中心有好几条马路,虽然不很长,却还是可以区分出一段一段。长乐路也恰是这样。最早的长乐路仅仅是瑞金二路到茂名路一段,取名蒲石路,那是1914年的事情了。而后蒲石路向西和向东延伸。向西延伸及至华山路,是上海西区的"上只角",向东延伸则是市井气息渐浓。东西格局很像与之平行的巨鹿路。

三千多米长的长乐路,因此可以分为三段,每一段的历史不一样,格调不一样,气息也不一样。我将华山路至常熟路这一段的长乐路看作西段,常熟路至瑞金二路的长乐路看作中段,余下的便是东段了。东段长乐路,虽然没有可以贴上大上海标签的楼宇,虽然没有西区生活的宁静,不过东段的市井,东段的风情,东段的故事,同样精彩,甚至可以说,因为市井生活的建筑被拆毁很多,它的风情、它的故事反而被冷落了,被隐匿了。

某一个初冬残阳之日,从瑞金二路向东,我在这一段长乐路上"独乐乐"一回。

坐北朝南的一长排民居,高福里、中和邨、庆福里三条大弄堂一字排开。三条弄堂都是有着百来年的历史。弄堂走进去,是过街楼,再走进去,是"万国旗"招展——衣裳就晾在头顶,还有些许棉毛衫之类在滴水。弄堂是老了,历史也因老旧的弄堂而附着。中和邨14号,是"世界红十字会上海市分会"的诞生地。门外"风云"石碑,记载了1933年中国最早的大型慈善机构的风起云涌。隔壁弄堂庆福里18号，已故影星上官云珠曾经居住过；当年谁都是房客，匆匆而过，已然是八十年前（1939年）的往事了。

退出弄堂，恍然看到红底黄字横幅高挂着："高福里地铁旧改征……"

横幅下小店还没有开门。这一段街面尽是服装小店，一开间门面，各有各的招牌，各有各的潮。几十年前也是小店居多，只不过那时候是烟纸店、杂货店居多。有好几年了，这一段的长乐路被称作是旧日上海风情所在：路不宽而有梧桐，人不多而有闲趣，店不大而有风潮。在些许明星店的引领下，这一段的长乐路"潮"声响到了海外。

潮了几年后，对马路的向明中学和社会科学院收回了所有的沿街潮店门面，马路两面失去了平衡，潮也说退就退了。几个月前，有网民惊叫："最后一家潮店关闭，曾经充满想象力的上海长乐路，终于空了。"网民说的是NPC，被称作"中国第一家街头品牌集合店"。

马路对面向明中学和上海社科院的正门分别在瑞金二路和淮海中路，长乐路只是它们的后门。1902年，著名教育家马相伯创建震旦学院，后为震旦大学附属中学，位于长乐路139号。在比邻的141号，是美国圣心会修道会创办的圣心小学，也就是后来的长一小学；1936年会院内设震旦女子文理学院，并附中小学和幼儿园。这就是为什么社科院和向明中学是相通的由来。如今，139号是社科院，141号的长一小学已经归并到向明中学，143号则是向明中学原来的后门。向明中学的历史也是从马相伯1902年创办震旦学院算起。

如今社科院和向明中学在长乐路的后门造得比正门更气派，尤其是社科院，后门远胜弄堂里的前门，庄重而远市井风情，闲人也就疏离。长乐路的市井风景，是萧瑟了。

再走几步，便是过了成都南路了，保留得最完整，估计还将会继续保留下去的好几条弄堂、好几幢房子、上万家民居，一步一步靠近了。很多年前的往事，连同已经拆了的弄堂和消逝的风情，也一幕幕浮现了。

63弄和合坊过街楼下有一个裁缝摊，一年四季摆着的，两个老宁波。小时候只知道他们是"红帮裁缝"，后来才知道不是红帮是奉帮——宁波奉化来的裁缝，生活好，人客气；作板上划粉、剪刀、直尺、布料，还有熨斗，有条有理地摊着；一条皮带尺挂在头颈上，一副老光眼镜架在鼻孔上一点，做生活看眼镜，看人用眼睛。

和合坊直通淮海中路，和合坊是这条弄堂在淮海路上的名字，也是淮海路上非常著名的一条弄堂，弄堂两头淮海路和长乐路的街面房子，几乎就是法国式样，弄堂里倒是新式里弄结构。

弄堂对面原来有一家竹器杂货店，卖小菜篮米淘箩木马桶苍蝇拍。还有一个修表铺，在石库门天井里搭了一只角。石库门前门开了，年纪不大的修表匠生意也就做起来了。柜台很高，镶一面玻璃，修表匠套了一个修表的单眼镜，客人透过玻璃柜台看清他的"手脚"。我偶尔会去配一粒手表电池，和修表匠互相矜持一笑，他问修啥，我说配电池。他接过手表，低头打开表盖，没有什么要多说的。过一会儿，一声谢谢一声再会，也不知什么时候再会的。终于有一次想去再会的时候，连同修表铺在内的石库门已经不辞而别。

向东的兴隆村（长乐路43弄和47弄），是旧式里弄，至今沿街面都是民居的灶披间——厨房间，或许还是公用的，灶披间一边是这一个门号的门。曾经看到过一篇文章，一个北方小女子恋爱谈到了这里，她会隔着灶披间铁栅栏窗和窗台上的空牛奶瓶，叫着男友的名字，男友的声音从前楼穿过公用灶间，飘到窗外，而后男友推门出来。

再向东，长乐路39号。从小知道这里是淮海地段医院。幼年打针哭与不哭的记忆全在这一幢小洋楼里。木楼梯窄得不能再窄，两个人并排，即便是面黄肌瘦的年代，都挤了。很久以后才知道，这一幢小洋楼也是有大故事的。1928年，时任上海《新闻报》采访部主任的顾执中，在此创办了民治新闻专科学院，自任院长，这个学校直到1953年才停止招生，是当时中国开办时间最长的专业新闻院校。

也许是院楼过于袖珍的缘故，我没有在庭院里看到有关顾执中的介绍。

医院还是医院，不过早就不是淮海街道地段医院了，是瑞金二路街道社区卫生服务中心分部；就像区也不再是卢湾区一样。

穿过了长乐路东向的最后一条横马路重庆南路，长乐路的记忆几乎所有人都失去了，我还记得。它是"淮国旧"的后门，旧自行车的买卖恰是这里。要是看上了一辆车，把工作证交给营业员算是抵押，顺着长乐路踏一圈，不买也不要紧。

至此，长乐路只有向北向西看了——还剩下一大片绿地。克美医院、安庐、弄堂、市井杂碎……都没有了，都想不起来了。有关它们的记忆深藏在34800平方米的延中绿地之下。

新场风味，有味还有风

知道新场、去新场的人多起来，也就是这几年的事情。以前，周庄、西塘闹猛的时候，新场都没怎么听说过。路并不算远，就是在原来的南汇，但是说到古镇江南水乡，新场很难排名靠前的。

新场不大。古镇江南水乡，讲究几河几街，街是河的两岸，也是河的倍数，如三河六街，四河八街。河代表了交通的畅达，街则因之繁华，大宅小店，沿河而立。新场有两条河，一条河是从小店铺中间穿过，一街二河的样式，另一条河已经偏隅，唯民宅沿岸而无他，至今游客罕至。一河二街的新场，有点袖珍，半小时，也就走到了尽头。

恐怕也是有这样的原因，新场没有在古镇水乡旅游大开发热潮中"受宠"，新场的旅游开发，只是十几年前的事情。也恰是如此，新场才有了不新的"宠幸"。走进新场，耳边便是听到了新场的口音，有牌楼下"讲聊天"的，有小店做生意的，也有街边门铺前卖菜的——她们不是菜贩子，是自家田里挑了菜在自家门口赚点零用钱的——"挑菜"这一个本地农田行为语，说明了新场原住民仍旧住在新场，新场的小店大部分还是新场人在做生意。

一个古镇，当有古镇之乡音、之乡俗、之乡风，如果古镇小街，没有了原住民，没有了小生意的乡音吆喝，飘荡的都是五湖四海的外来语，那么这个古镇就没有了古镇的韵律，甚至没有了魂。因为保留了原住民的生活状态，新场也没有过度商业化，一河二街，老房旧貌青瓦白墙还是留着,江南水乡的古意也就随着石板路的缝隙蔓延开来。

新场又被称作"活化石"的古镇。活化石的含义,在于这里的乡民在,乡俗在,乡风在。若是河在房在街在,却是没有了乡民乡俗乡风,那就像是个蜡像馆了。在上海市区,早晨大饼油条摊至少上千个,摊主的口音遍布全中国,甚而还有少数民族,各领风骚之味(简称风味),还能奢望做出来的大饼油条是几十年前的上海老味道吗?新场的草头塌饼,很有名,看似一点花头也没有,谁都可以做,但是大家忽略了一点,草头塌饼是新场当地人在新场桥脚下转弯角塌出来的。风味,不仅需要味,更需要风。草头塌饼一口咬上去,不经意间咬着的是新场一段有了多少年的历史。化石又化为了一只草头塌饼。

新场本身就不新。新场建镇约在南宋建炎二年(1128),至今有800余年的历史,得名源于下沙盐场南迁形成新的盐场,故名"新场",是一座因盐而成、因盐而兴的江南古镇。

随着盐业的不断发展,商人盐贩纷纷聚集到这里,于是新场人口急剧增加。当时镇区歌楼酒肆,商贾云集,其繁华程度曾一度超过上海县城,有"新场古镇赛苏州"之誉,是当时浦东的第一大镇。后来因盐场变迁以及战乱等变化,几经兴衰,但新场镇仍是一个很有文化气息的江南水乡古镇。新场古镇上穿镇而过的狭窄河道,雕刻精致的一座座石拱桥,傍水而筑的民居,高垒的石驳岸,沿河人家的一座座马鞍形的水桥,与周庄、朱家角等地的小镇非常相似。

走在新场的青石板路上,那一座号称"江南第一楼"的"第一楼茶园",当是显眼,很少有三层的茶楼,且是倚桥而立,游客到此总是将它作为一个必定要拍照的场景的。

第一楼茶园，建于清同治末年，将近140多年历史。茶园位于新场古镇新场街与"洪福桥"边，依河而建。从外表看，这一座三层木结构茶楼矗立桥边，尽管历经沧桑，也是保存不错的一座老建筑。底楼是普通茶馆，二楼是书场兼高档茶馆，三楼则是"栈房"，供旅客歇息借宿。如今，在二三楼喝茶可览洪桥港（河名）风景。

让人欣喜的是，底楼评弹说书老习俗，至今还在延续。每天下午都有评弹演出，政府埋单，镇上老小咸宜。这也是新场不新之所在——江南古镇水乡和评弹，从来都是琴瑟相依，这里的评弹声声，借着水流潺潺，似乎更有韵律。有一次，我和青年评弹艺术家陆锦花同去新场，恰是在茶楼边的洪福桥上，陆锦花一曲"梨花落"，委婉清澈的演唱，顺着小街穿行，别有韵味，是市区剧场不能比拟的。

远在宋、元时期，在这"南北街长四五里，东西各二里许"的新场，已成"科第两朝称盛"的文化名镇。仅"南屏书屋"这样吟诗泼墨的场所就有二十多处。到了光绪二十八年，新场古镇已经有了女子学堂，这在一般意义上的古镇是不多见的。

几座牌楼记载了新场的"文化软实力"。"三世二品坊"：位于南北大街，始建于明万历年间，敕命由太常寺卿朱国盛建造。牌楼为三门四柱五层，高大壮观，雕刻精美。因朱家祖孙三代都官至二品，故名三世二品坊，以庆其业绩显赫，曾有"江南第一牌楼"之称。此牌楼是在2006年重建的，"原版"在1975年"文革"时被毁。

还有一座石笋里牌楼，位于新场大街南北方向。古时新场尚是海滩，先人曾在包桥港西面打下石桩抵御海潮冲击，日后来挖港疏浚时，石桩似春笋冒出水面，故称"石笋滩"，后改"石笋里"，立牌楼以纪念。

有原汁原味，也有新时新潮。沿了洪桥港河边走去，老房子里掩隐了好几家不俗的酒吧，有旧上海味道的，有老电影风格的，还有一家酒吧起名"201314"，实在是聪明之绝。这一串数字，本是新场的邮政编码，也恰是在这一家酒吧门前立了个邮筒，邮筒身上便有这一个邮政编码。忽一日，酒吧主人来了灵感，这六个阿拉伯字母，与古往今来旧朝新事都没有关系，但是它和"二人一生一世"谐音，于是"201314"成了这一家酒吧的招牌，也成了无法复制的生意经。这一家酒吧生意好是自然的，据说明信片也非常好卖，谈情说爱的到了这里，总是顺便为自己的感情美好讨一个口彩。

当然，"一生一世"的古朴与浪漫，也招来了市区市民。尤其是地铁直通，平日里新场就变成大妈们的休闲农贸古镇了。话说每天九十点钟光景，一群群五颜六色的大妈，便是仿了民国的脚步，走在青石板路上。先是买了菜蔬，又便宜又好；再是去吃豆腐花菜馄饨，算是早中饭；而后定定心心，在老街上展露风姿，201314也绝不错过，拍照美颜。一两点钟光景，拎了小菜，乘地铁差路。若是周末，那就实至名归人轧人了。

新场这一块活化石，也有点担心会不会被化掉。

下水道的味道

　　1971年，美国总统特别安全顾问基辛格秘密访华，与周恩来总理一路谈判从北京到上海，待等双方相逢一笑，压轴的闲情节目，便是登临黄浦江与苏州河交汇口的上海大厦。后来尼克松总统也如此一游。那时候的苏州河免不了散发出不雅的味道，免不了杂乱肮脏，幸好被夜色所笼罩。那时候苏州河对于上海来说，是多功能的，是输送吃喝拉撒的内河航道，更是天然的下水道。越是落后的城市，内河的功能越是繁复，就像越是穷人的家里，孩子们特别会做家务一样。

　　尼克松早已经作古，尼克松不可能预料到，当年上海大厦墙脚下的苏州河两岸的废旧仓库和垃圾码头，当年用红油漆刷了"全世界无产者联合起来"口号的苏州河堤坝，四十多年后，以中国的左岸右岸闻名，成为艺术和时尚的猎物。一条穿越了一座城市的河，当她被尊称为母亲河的时候，那么这一座被穿越的城市，一定是一座文明的城市，富裕的城市。在城市下水道和母亲河之间，横亘的只不过是年代。

　　这一条河的意义的改变，也改变了以苏州河名义从事的一切事情的意义。以前除了虹口多伦路一带孤岛式的地区，苏州河几乎是上只角下只角的界河。以前河两边的垃圾码头，现在叫作亲水平台。以前苏州河也常常当作电影的背景，那是拍旧上海、工人起义。如今的苏州河，像一个明星一样一年到头档期全部排满，也像一个产业链的始作俑者,带动了一个名叫"苏州河"的产业,有拍电影的,有搞摄影的,有画素描的,有写散文的,还有龙舟竞赛的……好在苏州河也乐善好施,不知疲倦。光顾苏州河的人,他们既眷恋于苏州河的历史黄页,又捕捉了苏州河新的灵魂;既汇集于枯燥的史料,又是对苏州河的百年一叹,虽然不能等同于"子在川上曰",但是分明看得到他们在苏州河岸边的漫步。

当然他们也因为苏州河而成名,发迹,发财。曾经有一个楼盘将苏州河的一小段圈入在自己的小区,引起了民众的共愤。看到这条新闻,感觉像是后辈们对遗产有各自不同的见解,这倒是不经意地将苏州河提到了遗产的高度,如果仍旧是垃圾码头的话,那就会责令某一个单位负责垃圾码头的清洁卫生工作。

曾经这个城市是心死苏州河的。

有一年,在上海作家协会的一次会议上,作家潘真说,她要写苏州河了。我知道她写的苏州河,一定是一条足以撩拨起许多人回忆的苏州河,凭着她职业素养的敏锐,一定是一条一唱三叹的苏州河,凭着她的女性特有的细腻,一定是一条被我们忽略和忘却了诸多细节的苏州河。一年之后她的《心动苏州河》出版了。我记得,我还为她写过书评,因为我也为之心动的。

估计所有的孩子都会这么问过:苏州河是从苏州流过来的吗?大人们几乎也是差不多地敷衍:是啊,是从苏州流过来的。大人们很少会说,这一条河在苏州不叫苏州河,叫吴淞江,到了上海过了北新泾才叫苏州河。

倒是有一个求知欲很强却一知半解的小孩子问过:苏州评弹

是苏州河的船工号子吗？当然不是，吴侬软语的苏州河是用不着声嘶力竭的船工号子的。假如有一天，在苏州河上闲散泛舟，有女一曲苏州评弹，诸如徐丽仙的《新木兰辞》，倒是最浓的苏州味道了："唧唧机声日夜忙，木兰是频频叹息愁绪长……"

镇仓之宝在脚下

上海有一条"共和新路",位于原来的闸北区。记忆中这是一条专开十轮大卡的马路,是为重工业大厂开通的路,开大卡车的路,一定是水泥路,经得起碾压。除了居住在附近的居民,上海人似乎没有什么理由去共和新路的。

只是在很久很久以后,我才知道,共和新路"营养"很好,是吃了"太仓肉松"而通达的。共和新路当然不可能吃了肉松,但是是吃了比太仓肉松远远值钱的东西,是铺垫了太仓的"镇仓之宝"通达的。

太仓的镇仓之宝是太仓的一座山。

估计,所有人都只是把太仓朋友对穿山的感叹当作了一个当代愚公移山的传说。穿山,太仓唯一的一座山,在20世纪50年代被夷为平地,开出了一条路;同时将整整一座山的石头支援了上海,当时共和新路正在延长铺路,穿山石派上了用场。炸了一座山,造了两条路。真的很像是传说,穿山就此入"海"。所幸,穿山仅五十几米高,如果是一二百米高,铺路石也太多,说不定就去填苏州河了。

一整座穿山就此没有了。太仓朋友说起来还很是唏嘘。

穿山地处太仓境内今归庄东南的帆山村境内。属于浙江天目山余脉。因山有洞通南北往来,故名穿山(又名凡山)。穿山既有真山嶙峋气势,又有假山的灵秀精巧。据记载,明清期间,方圆二三里绕山而筑的大小园林有十一处之多,各具风格,互显千秋。旧时穿山,集山光水色、文物胜迹、明清遗址于一山,124级台阶直至山巅,山上胜景历历,山下园林处处……六十多年过后,穿山只是照片中的穿山,只是博物馆中的穿山。

固然是可惜。可惜之余,我忽然有了一个自己都觉得奇怪的问题,当年穿山夷平后那么多石头,为什么就想到送给上海一份大礼,而不是支援同属江苏省的苏州或者其他地方?好像,太仓和上海是有感情积淀。这也不是空穴来风。早在1921年,上海通往太仓的路便通车了,名曰沪太路,38.5公里,很长了。很长一段时间里,这是上海唯一一条直通外地的马路(不是公路),而且是从市中心起始的。我估摸,当年的穿山石应该是通过沪太路运抵上海的。

太仓的石头成为上海一条马路的路基,没几个上海人知晓,但是太仓肉松成为全体上海人的口福,由来已久了。即便是在最贫穷的时代,上海人家里,都会有一瓶太仓肉松——玻璃瓶装的最大好处是,让你看得见太仓肉松的诱惑。这一瓶肉松并不是每天过泡饭的,当年太仓肉松是奢侈品,只有发寒热了,扁桃腺发炎了,才会有太仓肉松当作营养餐,所以小时候看着玻璃瓶内的肉松,就盼发寒热了。

肉松是太仓的一个符号。这一个符号是物质的,最终是文化的。产肉松之地一定产猪,产猪的地方一定富庶,富庶的地方即为地灵,地灵一定人杰。太仓之"仓"是粮仓,春秋时期,吴王在此设立粮仓,便得名太仓。恰是在这一个"锦绣江南金太仓",历代闻人辈出。被世界物理学界誉为"世界物理女王"的吴健雄是太仓人,1997年诺贝尔物理学奖获得者朱棣文的祖籍是太仓,国画大师朱屺瞻也是太仓人……我只能用省略号了,既表示太仓的闻人太多,也坦白我知之甚少。

就像许多人不知道太仓的南园,也从未去过一样。明万历年间,当朝宰相王文肃(字锡爵)处理政务和种梅养菊之庭院,太仓民间称之"太师府",已经有四百多年历史。据说南园是有拙政园风格的,我看和豫园也有相似之处。亭台楼榭,小桥流水,皆是江南的雅致和风韵。尤其是园中处处静谧,品茗闲话间就淡忘了园外行色匆匆。倒是想着此处应该有昆曲,应该有评弹,更佳,若有一曲蒋月泉的《莺莺操琴》,肯定是相得益彰。南园虽有一时之盛,但是几经废兴。和穿山几乎有着同样命运的是,南园在50年代被辟为苗圃。改革开放后,又曾被一家房产开发商相中买下;后经有识之士呼吁,太仓市政府决定重金收回,并恢复南园旧貌。这大概也就是为什么上海人很少知道南园的缘故——倒是也成全了喜欢清静的人。

若没有到过南园,真是体验不到江南园林的清静,因为当下江南园林几乎都"华丽转身"为旅游热地了。南园是个例外,但是不无隐忧的是,喜欢清静的人都去了南园,南园还能清静否?是否还有闲趣想想太仓穿山化为上海共和新路铺路石的故事?说不定,在共和新路地底下的路基里面,还残存着昔日太仓穿山文物的碎片。

大场与大肠

提起宝山，谁都会几乎本能地想到了宝钢，也会想到近年来停靠邮轮的宝杨路国际码头，还会想到上海大学，想到顾村公园，想到越来越贵的房产……就像以前提起大马路会想到四大公司一样。我也同样这样。不过我还会比别人多想到一个地方，一个别人不大会想到的地方：大场。

我知道大场是在 10 岁不到的时候，我真正去大场已经是在 50 开外了。

应该是在"文革"之前的 60 年代。某一天，父亲说，他要去大场脱产学习了，住在那里，为期一周。母亲为父亲准备了洗漱用具和换洗衣服，与出远门无异。大场在哪里？可能父亲都不太清楚，反正很远，公交车也到不了。就此我知道了大场这一个地名。第二天上学遇到同学，我一定是带了显摆的口气，说起自己父亲去大场学习，当年脱产学习蛮了不起的。哪里知道有个同学反应极快，侬爷（当年同学间称呼父母就是爷娘）去"大肠"？不是去"小肠"啊？可以想象当时一帮 10 岁不到的小学生为大肠小肠的哄堂大笑。我的虚荣被大肠小肠扼杀，但是大场这个地名永久性地记住了，我甚至这么想，大场啊大场，你为什么要和大肠同音呢？之后大场和我没有了关系，我始终不知道大场的具体位置，或许曾经经过，但是没有留意过。

直至四十多年后，我去上海大学开讲座，开车在途中，一个路标从眼前闪过：大场镇，就在这么近的地方啊！那一段关于大场与大肠的记忆又泛了上来，倒是觉得自己愧对大场。我看过史料，大场，相传宋时设盐场于此，因盐场甚大，故取名大场。据清光绪《宝山县志》记载："大场镇，在县治西南三十里，宋时置盐场于此，而得名。"之后我去大场镇参加活动，道出自己年幼时候的大场情结，引起大家会心一笑，原来许多人年幼时都和我同样。幸好大场胸襟开阔，不计较我们曾经的无知。

其实大场镇只是如今宝山一个很普通的镇，算不上宝山的主角，也没有很多让人流连忘返的境地，但是它是很重要的交通枢纽，经由大场的沪太路，一直通向了太仓，经由大场的沪太路，也通达上海大学和顾村公园——人文的上大和自然的顾村，历史并不很长，却是名气很响，即使是在全国范围，都是地标性的所在。

当然，更多人熟知的宝山是吴淞口的宝山，以前只知道去崇明的码头叫作宝杨路码头，如今谁不知道邮轮码头就在宝杨路的尽头？如果说，大场是陆路，那么宝杨路就是水路了。这一条水路迅速成为众多上海人心目中知名度最高的马路，因为那些人全家都体验过了邮轮旅游。乘着邮轮离开上海，有多少人知道，吴淞口是一条有着八百多年历史的水路？此处，东海、长江和黄浦江三水合一，被上海人称之为"三夹水"，是一大旅游奇观，以往每每当宁波轮船开到长江口的时候，总是有人在船上惊呼：看到"三夹水"了，三水在此汇合，却流不到一起，三种水以自己的颜色而区分彼此。

"大肠"曲曲弯弯，大场盐场一块。这些年大肠作为本帮菜的重头戏重新粉墨登场时，已经不再是当年的待遇和当年印象。当年大肠属于非常粗放型的低档荤食。买来后还要自己冲洗，盐反复擦，还将它当作橡皮管一样，一头套在水龙头上冲洗，就怕是有不雅的气味留在大肠壁上。也有人喜欢的，大肠面一直也不便宜，不过很多上海人家，大肠不进门的；除了本帮菜饭店，大肠似乎也不登大雅之堂。

不过人的价值观也是会逆转的。在美食年代，去吃面，大肠面算是有江湖地位的，去吃本帮菜，草头圈子是本帮浓油赤酱的看家菜。只要是不带着"大肠"的思维定式去吃大肠面，去吃草头圈子，味道真很好。

要是五十多年前，在弄堂市井中大肠已经不是那么低档次的待遇，那么我父亲去大场脱产学习给我带来的虚荣心，是可以好好地满足一下了。

和平村的和与平

踏进和平村的村宅,有一种很奇妙的感觉。所谓村宅,是村民的居住群落。和平村村宅外是莲花南路和放鹤路的交界,卡车往来频繁,还有尚未完工的地铁工程,多多少少有点嘈杂,但是只不过是那么几步,从马路的人行道寻径而入——是村宅口的小路,一下子安静了下来,人也不由得放慢了脚步。上海也是有农田有农民的,而且就在闵行区。

近中午时分,村宅中少有人,应该都是出工的出工上班的上班读书的读书。我很想要找个人攀谈几句。一转弯倒是看到了,一个年事已高的老太太坐在自家瓦房的门沿。围了个饭单,戴了副袖套,还是几十年来养成的生活习性。我问老太太高寿,老太太回答,九十三岁。老人的耳聪目明,完全看不出她的实际年龄,还与我聊起了家常。倏忽间我想到了陶渊明的《桃花源记》:"阡陌交通,鸡犬相闻……黄发垂髫,并怡然自乐。"我当时就为老人拍了几张照片,上传到微信朋友圈,写了这么一句:和平村九旬老太太三连拍。上传之后,很多朋友问我这是在哪里。当然这里不是桃花源,这里是吴泾镇的和平村宅。

小路两边是老式的瓦房,虽然是有点年份了,木门都已经爆出了蛮粗的裂纹,窗也是木窗,但是很是干净,远比那些故意做旧的景点老屋来得真实亲和。老屋的里侧,是别墅一样的一幢幢小楼,很新,也很气派;这是和平村村民自家的房子。

再走几步,看到了农田,是农民的自留地。和平村是一个名副其实还有农田农地的村庄。在我看来,这农田像是绿化一般,与春天非常合拍。事实上,农田的远端还真是和平村的绿化,让初来乍到的人分不清农田和绿化的彼此。还有一条护村河,是流向黄浦江的。河面上除了些许树叶和落花证明着春天的生机勃勃,没有任何污秽之物,倒是河水在阳光下蒸发,我闻到了春草的清香。

我以为和平村几十年来一向是如此的安宁、静谧,一向是如此的河水清澈,小路整洁,一向是如此的老屋亲和。陪我参观的主人纠正道,以前完全不是这样的。主人指给我看小路老屋前的一米多宽的印痕,原来就是违章搭建。要不是主人这么告知,我还以为是时尚文化的标记,因为村内的这一条"宽带",在一片宁馨之中,倒是凤凰涅槃般地别有意蕴了。

同行者不由感叹,在这里做一个农民真开心。倒是也没有说错。以前"农村户口"是农民,要做到户口"农转非"比登天还难哪,如今农村户口反而比城镇户口吃香,因为农村户口福利好,还有自家的宅基地,宅基地等同于财富;读书一样待遇,机关企事业社会招聘,农民照样应聘。

关键还是这里的环境好。和平村是上海市生态型美丽乡村建设的示范点——闵行区仅此一家。生态型美丽乡村,是将人与自然、人与科学、人与环境、人与世界、人与人的和谐生存关系,作为建设的置顶式的考量,这才是生态型美丽乡村的目标。

和平村位于吴泾镇的西侧,莲花南路的两侧。"和平村"的村名是 1956 年起的,当时要和平。确实也是一个很好的村名,一个家庭,一个社会,一个国家,什么最贵?和平最贵。我估计,在"文革"期间,按照当年的革命思想,和平村大约也是会改名为"战斗村"的,"文革"结束,也就不再战斗,重新追求和平了。就像西藏路上的和平电影院,也经历了同样的改名历程。

和平村还有几项规划,让我沉醉其中。滨江农谷,将为居于城市中心的居民提供更多趣味体验的城中花园;还有一个比邻莲花南路村宅的郊野公园,如今已经是一个小型植物园,春草任性,无人为雕琢,颇有点野趣,却几无游人。身为上海人,我不知道吴泾有这么一个悠然休闲之处,更不知道的是,吴泾将以这一个植物园作为基础,扩展建设成为一个郊野公园。完全可以想象,这一个郊野公园落成后的魅力所在。它距离徐家汇,很近,很郊野;很美丽,很乡村。

和平村另一个浓墨重彩之处,便是和平村的和平邻里中心。它的功能非常宏大,有文化讲堂,有创意工坊,有广场花园,是一个接地气、承传统、与时俱进、力求创新的和平大院。对了,这个邻里中心的名字就叫作"和平大院"。生态型的美丽乡村,最高的境界,恰是"和"与"平"两个字。

香港上海真感应

肯定不是我才有这样的感觉：上海和香港相似度很高。如果说城市也是会有性格的话，那么上海和香港恰是两个性格相近的人。两者的文化，市井，品位，气质，价值观，社会秩序……都会有那么些相像，很难说是谁像谁，只能说很像。这其中既有历史渊源带来的重合，也有这两个城市与生俱来的个性相似。

某天，一位香港朋友请我找一找上海和香港的相似之处，我便以一个去过几次香港的上海人角度，梳理一下两者的奇妙的感应。既然是个人化的感应说，也就没有学术性、社会性、历史性可言——也就不必以此三性作为衡器。

1. 香港尖沙咀：上海陆家嘴

"咀"和"嘴"是同一个意思吗？是的，在表示地名的时候，都是嘴巴的意思。凡是带"嘴"的地方，都靠水，都是相同的嘴巴形状的地形，也都是经济很发达的地方。

19世纪初期，尖沙咀只是一个很荒芜的小村落。1928年，香港现存最古老的酒店——半岛酒店开业，酒店房间可以饱览维多利亚港景观。尖沙咀也是香港夜生活的集中地之一，富有外国风情的诺士佛台和整条街都有酒吧的宝勒巷，是不少人下班后消遣的地方。

陆家嘴名字的由来，是和明朝的大文学家陆深连在一起的。黄浦江在陆家嘴的地方拐了一个近九十度的大弯，留下了一片突出的冲积滩地，形似嘴，而陆深的旧居以及陆氏的祖茔都建在这一块滩地上，因此称之为陆家嘴。

陆家嘴的历史不比尖沙咀短，但是真正繁荣起来，是20世纪90年代后的事情了。如今的陆家嘴，银行家去办公，白领去上班，旅游者去拍照，吃货去扫荡，小资去拗造型，文化人去活动……东方明珠年游客总量超过了500万，陆家嘴区域的美食，多年来高烧不退。当然出租车紧张，黑车猖獗，就不必领教了。

2．香港铜锣湾：上海徐家汇

为什么会将铜锣湾和徐家汇相提并论？两者都是高度繁华的商业区，还有一点，"湾"和"汇"在上海话中，读音非常接近，更有趣的是，铜锣湾和徐家汇都是"三点水"，依"水"而居，水到而人旺。

19世纪末，来往香港岛东西需绕路或坐船经过铜锣湾甚为不便，所以兴建了一条连接海湾的海堤，即现今的高士威道。这亦是铜锣湾的英文名"Causeway Bay"（海堤湾）的字源。

铜锣湾拥有维多利亚公园和赛马场，同时它还是一个繁华的不夜城。这里的购物营业时间永远是全港最晚的，除了时代广场、利园以及多家日式百货之外，还有年轻人追求的前卫时尚服装和奇趣玩意儿的大众露天市集——渣甸坊。铜锣湾闹市之中，到处可以找到美食：平民化的茶餐厅、酒楼饭店、高级的酒店食肆，汇集了不同种类的中西食品，例如渣甸街、骆克道及利园山道，可吃到潮州打冷、京沪小菜、越南小食、甜品、特色私房菜等等，选择繁多。

徐家汇之"徐"来头很大。明代文渊阁大学士、著名科学家徐光启曾在此建农庄别业，从事农业实验并著书立说，逝世后即安葬于此，其后裔在此繁衍生息，初名"徐家库"，后渐渐形成集镇。因地处肇嘉浜与法华泾两水汇合处，故得名"徐家汇"。

到了徐家汇，理应还要领略徐家汇所展示的上海历史人文底蕴。土山湾曾经是上海的一个重要地标。1864 年，土山湾孤儿院建立，为了接纳孤儿工作习艺而设立的工厂，无意间给无缘涉足西方的中国人提供了一扇观察和了解西方的窗户。土山湾画馆将西画贯穿多种技术因素，构成了继北方清宫油画、南方外销油画之后近代中国"西画东渐"又一处重要的样板和典型。

徐家汇藏书楼创建于 1847 年，是上海现存最早的近代图书馆，也是我国西学东渐和东学西传的缩影。徐家汇藏书楼现址收藏自 1477 年至 1950 年出版的外文文献计 32 万册。

3．香港兰桂坊：上海新天地

20 世纪 70 年代初，香港有了兰桂坊，那时候，因为"文革"的原因，上海连普通的咖啡馆也被取缔。所以，兰桂坊在有咖啡情结的上海人心目中，有着特别的意义。

兰桂坊位于香港中环云咸街与德己立街之间，是一条短小、狭窄、呈 L 形并用鹅卵石铺成的街巷，街巷满布西式餐馆和酒吧，但名声很大。20 世纪 70 年代初期，港府在中西区开始进行市区重建。当时一位意大利籍商人在这里开设了一间意大利服装店及餐厅。部分在中环上班的白领,下班后想找一个地方谈天,这家餐厅便成为他们欢乐时光的聚脚处。其后,兰桂坊渐渐成为一处有品位的消闲之地,酒吧、食肆及娱乐场所越开越多。

新天地的前身,是上海市中心一片最普通的石库门建筑,如今仍旧是以石库门建筑旧区为基础改造成的集餐饮、商业、娱乐、文化的休闲步行街。以中西融合、新旧结合为基调,将上海传统的石库门里弄与充满现代感的新建筑融为一体。

香港瑞安集团为动迁这个地块上居住的近2300多户、逾八千居民,花费了超过6亿元人民币(约7500万美元)。

这里有不少酒吧饭店的老板是香港演艺界明星,去那里喝杯咖啡,一不小心也就撞见了大明星,比如谭咏麟,比如费玉清,比如孙俪……

4. 香港旺角:上海五角场

地名中带"角"的地方,感觉上总是充满了市井烟火气息。

旺角古时称为芒角,因为当地芒草丛生,地形像一只牛角伸入海里,该处被称为芒角咀。

旺角是香港人流最旺盛的地区,是本地人购物的热门地点,不少商店及饭馆均通宵营业,全区繁华拥挤,店铺格局小巧精致,弥敦道一段更是精华所在。

有关旺角题材的影视作品不少。吴彦祖、张柏芝主演的《旺角黑夜》,《旺角卡门》则是王家卫自编自导的第一部电影,那时候的王家卫还不戴墨镜的。王晶出品的《旺角监狱》,汇集了梁家辉和鲍起静。

　　五角场也是如此，因为有五条马路在这里汇集，也可以说是有五条马路从这里放射性地开拓，故名五角场，因为地处江湾，也称作江湾五角场。这是 20 世纪 30 年代，当时新成立的南京国民政府拟定了开发江湾、建设"大上海"的规划，并且由美国规划专家和中国设计师一起设计了"五角场"的构成，根据当时的设想，五角场将成为中华民国的"第二首都"（经济首都），可惜淞沪抗战和"八一三"的爆发，摧毁了五角场的繁荣梦。之后几十年，五角场主要是杨浦区工人密集居住区域，市井气息非常浓郁。

　　如今的五角场作为上海九大城市副中心之一，五角场的五个角，成了天然的优势。五角场商圈已成为本市近两年来人流最多、人气最旺的商圈之一。

　　五角场还是一个大学的"旺角"，复旦大学、财经大学都是五角场的金字招牌。路上走着走着，就撞见了一位蜚声海内外的教授。

　　不久前，曾经有为五角场改名的动议，觉得五角场的名字太过陈旧。杨浦区就此发起征集新名字活动，等到征集活动结束，发起者公布的名字是：五角场。

5．香港中环：上海中环广场

　　中环是香港的心脏地带，是港岛开端口后最早开发的地区，也是香港最著名的购物中心，中外多间名牌旗舰店林立在德辅道中及皇后大道中，还有大型商场如置地广场及太子大厦等。近年来云咸街及安兰街一带开设了一些新兴而又富有特色的时装商店。而区内售卖古董的荷李活道更刚被选为世界十大购物街之一。各类型的店铺包罗万象。

中环的美食绝不可以错过。位于威灵顿街的镛记酒家,享誉全球。在附近的陆羽茶室,也是香港著名的食府之一。还有多间云吞面店,如麦奀记、沾仔记及罗富记粉面专家。

上海的"中环"有两个,一个是位于内环和外环之间的中环高速路,另一个中环,是淮海中路的中环广场,以融合中西方文化精粹和建筑经典的地标性建筑,集高尚商场与优质甲级办公楼于一体,是淮海路经典风范与现代时尚交融的地标。

中环广场的前身是一座中学,比乐中学,由黄炎培、孙起孟等教育家创建于 1946 年。这个校址则是原来法租界公董局。

中环广场本身,并不足以与香港中环相提并论,但是以中环广场作为其中之一的淮海中路东段,世界奢侈品品牌店,应该是全世界都要刮目相看了。

有意思的是,在中环广场以东几百步之遥,淮海中路的两侧相向,两座楼宇是同一个名字:香港广场,它们的区别是南座和北座。

6. 香港"香江":上海黄浦江

"小河弯弯入海流,流到香江去看一看……"许多人在唱着《东方之珠》时,看着 MV 背景中的维多利亚港湾,便以为流经维多利亚的是香江。这是天大的错解,香江,不是江,而是香港的别称。那么这一条江的名字呢？它是珠江。在香港的珠江上，乘游轮看两岸，尤其是欣赏维多利亚夜景，确实会发出"东方之珠，我的爱人"的感叹。

黄浦江全长约113公里。黄浦江始于上海市青浦朱家角镇淀峰的淀山湖。"浦"是古吴语中河的意思，一般多指人工河。黄浦江下游曾被称为黄歇浦和春申江，有说法认为是因为上海曾为战国楚春申君黄歇的封地。

若是走在外滩平台处，可以想象一下，三十多年前，这里为什么会成为闻名全国的"情人墙"？若是在浦东滨江大道散步，可以想象一下，三十多年前，为什么会有"宁要浦西一张床，不要浦东一间房"？问一下上海人，他们给你的答复，一定是忍俊不禁的。黄浦江的故事很多很多。

7. 香港太平山：上海佘山

香港有名望的山只有一座，那就是太平山，从山顶俯瞰维多利亚港湾，美不胜收，尤其是山顶缆车更是一绝。

人们多称太平山山顶为山顶（The Peak）或太平山顶。不过一般所理解的山顶范围，地理上并不十分正确。人们多把山顶缆车山顶站一带当作"山顶"，事实上，山顶站一带为炉峰峡，真正的山顶位于山顶公园。

太平山的山脚部分被划分为中环和上环，被发展成为中心商业区；山腰部分则被称为半山区，为一高尚住宅区。山顶则成为富有的人士和一些外国领事的居所及豪宅，并于近代被发展成旅游景点。

上海也只有一座山,那就是松江的佘山。在上海话里,"佘"的发音和"蛇"完全相同,所以上海小孩子会以为佘山就是蛇山,去了之后,才知道佘山没有蛇,但是佘山了不起。

佘山高100米,只是太平山的五分之一高度。上海天文博物馆坐落在此。1900年,天主教的巴黎耶稣会传教士在佘山新建一座天文台,安装了从法国购置的40厘米双筒折射望远镜,在当时是亚洲最大的天文望远镜,在上一世纪伴随中国和西方的几代天文学家度过无数不眠之夜。

佘山山上有著名的天主教朝圣地——佘山圣母大教堂,还有道教朝圣地——东岳行宫和朝真道院。

佘山圣母大殿是与法国罗德圣母大殿齐名的上海佘山天主教堂,也称远东圣母大殿。该堂于1871年由法国传教士始建,1935年落成。从20世纪40年代起即为世界闻名的天主教圣地,也是国内天主教最主要的朝圣地。1942年9月12日,罗马教宗庇护十二世册封佘山教堂为乙级宗座圣殿(minor Basilica),这是远东第一座受到教宗敕封的圣殿。

8. 香港邵逸夫:上海天蟾逸夫舞台

已故邵逸夫先生是香港娱乐圈的大亨,也是著名的慈善家。不要忘记了,邵逸夫也是上海人,20世纪20年代邵逸夫在上海立身,30年代往香港立业,建立起了邵氏家族,所以邵逸夫先生有着浓重的上海情结,在上海留下了诸多他的印记,天蟾逸夫舞台,则是所有"逸夫"印记中最有影响力的。

天蟾逸夫舞台是上海历时最为长久、最具规模的戏剧演出场所,前身为天蟾舞台,有"远东第一大剧场"之誉。1930年,"天蟾"之名号移至地处今福州路云南路的大新舞台,南北名伶巨匠对这魅力无穷的舞台情有独钟,历代菊坛大师竞相粉墨登场于此,以至梨园有"不进天蟾不成名"之说。

1984年,天蟾舞台的八根大柱中有一根突然发生倾斜,剧场从此停演,准备翻新或重建。由于资金缺乏,翻建计划一再搁置。1989年,由上海市政府投资,香港邵逸夫爵士等热心京剧艺术的人士捐助改建,并命名为天蟾京剧中心逸夫舞台。

除了天蟾逸夫舞台,上海冠名"逸夫"的,还有逸夫职校、逸夫小学、逸夫中学等等,可见邵先生在上海做出慈善事业之广之深。

9. 香港黄大仙区:上海静安区

香港黄大仙区和上海静安区似乎没有可比之处,两个区各自的黄大仙祠和静安寺也分属道教和佛教,但是有一点恰恰可以相提并论,黄大仙区和静安区分别是香港和上海唯一一个以祠和寺的名字命名的区,黄大仙祠和静安寺,也都已经有了地理坐标的概念。

黄大仙祠,在中国有两个,分别是广州黄大仙祠和香港黄大仙祠。广州黄大仙祠始建于1899年,香港黄大仙祠又名啬色园,始建于1945年,是香港九龙有名的胜迹之一,最著名的庙宇之一。每年农历大年初一,市民都要争头炷香。黄大仙祠也是香港唯一一所可以举行道教婚礼的道教庙宇。

静安寺是上海历史最悠久的寺院了,而且是先有静安寺,才有寺院山门外的路,取名静安寺路(如今的南京西路),这一个商区,就叫作静安寺,这一个行政区域,叫作静安区。静安寺坐落于此已有近八百年历史,而上海开埠至今才一百七十多年。

静安寺给上海带来了西区的繁荣。1908年,上海第一条有轨电车的始发站是在静安寺,一直开到南京东路外滩。

著名的百乐门也在静安寺区域,与静安寺近距离地呼应,是一件很奇妙的事情,清与俗,静与喧,敛与放,仅在于一条横道线的两端。

从静安区商圈沿着南京西路一路向东,可以走到有大马路之称的南京东路,再一路向东,可以走到外滩。从静安寺到外滩,一共4.7公里,将近10华里,这就是十里洋场的由来。十里洋场理当是长度,而不是平方。

10. 香港油麻地:上海老城隍庙

香港油麻地与旺角紧密相连,连同尖沙咀,一起组成九龙最繁华著名的"油尖旺"区。早年,此地开了很多店出售补渔船的桐油及麻缆,故被称为"油麻地"。油麻地历史悠久。比起旺角来,这里更具本土气息,人们很大程度上仍旧保持着香港传统的生活方式,是香港旧日生活的探询地。

有几条街很有名。庙街——从佐敦道伸展至油麻地文明里,每晚七时变身成灯火通明的热闹夜市,数以百计的摊子摆卖衣饰、电器、手表等平价货品。由于很多摊子售卖男士衣服,故有"男人街"

之俗称。

城隍庙从来不是上海独此一家,至今全国的城隍庙略有名气的还有五六十座,无论是历史还是规模,上海的老城隍庙都没有优势,但是一旦说起老城隍庙,人们潜意识中的指向,就是上海老城隍庙。英国女王伊丽莎白二世和美国前总统克林顿,都在老城隍庙湖心亭品尝过绿波廊的点心。

如果从商业文化角度探讨,老城隍庙开创了旅游小吃的先河,至今还没有一个当下的旅游小吃,会达到老城隍庙的境界。

有吃,有买,有九曲桥,还有始建于清朝的湖心亭。再往里走,便是到了舒卷怡情的集散地,豫园。历来上海人是将老城隍庙和豫园当作连体的风情地,实际上,正是雅俗两种文化的巧妙对接。

11. 香港弥敦道:上海虹桥

弥敦道的历史很长了,弥敦道早于1860年签订《北京条约》之时已开始兴建。当年,弥敦道总督以超出常人的远见,力排众议,在荒凉的土地上修起了这条大街,大街果然带来了尖沙咀区域的繁盛,成为百年发展历程的见证。1909年3月19日,香港政府决定把该道路更名为弥敦道,以纪念扩建该路的港督弥敦爵士。街道尽头,是独具一格的香港文化中心。文化中心的里侧是酒店区,其中半岛酒店至今仍是世界十大酒店之一。

虹桥的历史很长,以前仅是上海主要的蔬菜生产基地之一,作为经济开发区的历史只不过几十年,是从1983年开始建设的。如今的虹桥开发区已经建成了一个以展览展示为龙头、以外贸中心为特征、以现代服务业为核心的现代商贸区。虹桥遍布国际展览馆、高级酒店和商务楼。

虹桥也是旅游休闲的好去处。尤其是虹梅路休闲街,早已经成为吃货的必去之处。虹梅路休闲街全长仅500米,宽约17至22米,由旧铁道改建而成,虹梅路休闲街呈现令人身心放松的欧陆风格,闹中取静和各式树木植栽的环境让虹梅路成为上海旅游不可不去的景点之一。

12.香港西贡:上海寿宁路

提起西贡,都知道是香港吃海鲜最好的地方。一条小街贯穿其中,沿着海岸蜿蜒开去。小街窄而长,大约有1公里,中间设有一处雕梁画栋的牌楼,算是西贡中心的标志建筑。街上一家接一家的傍海餐馆,它们都以烹饪海鲜而闻名。这些餐馆简陋且传统,乍看起来更像是香港早年的大排档。正是这些貌不惊人的小餐馆,预示着一段美味之旅的开始。

于西贡品尝海鲜,最好选择露天。围坐在餐桌边、太阳伞下,向外望可以看见碧蓝海湾内的游轮点点,向内望则是餐馆的超大型玻璃鱼缸,五颜六色的海鱼、贝类、虾蟹在里面缓缓游移,供食客挑选,当真是秀色可餐。

与之相比,上海也有相仿的金山海鲜一条街,在东海海边的马路上,格局也相像。只是金山毕竟距离市中心有点远。

几年前,上海一夜之间冒出来寿宁路。寿宁路的海鲜不能和西贡媲美,但是"去寿宁路吃小龙虾",不知道从什么时候开始,成为吃货们心中不可磨灭的记忆。

寿宁路,长不上千米,路面约 14 米宽,被市区辟为非机动车道。环境是典型的"脏乱差",但是,这一切,都阻挡不了吃货的脚步。因为,在可能是"上海滩最美味的小龙虾"面前,两旁破旧的房屋、脏乱差的环境和至少一个小时的排队等候,都是可以忽略的,或者说,好的就是这一口。

路·影

"狮子王"的领地意识

在《上海制造》出版后,媒体有许多的报道和评价。印象最深的是来自《新闻晨报》记者的报道和评价。这位记者顺着"上海制造"的话题,向我们介绍了一个老者:黄瑞烁。之前我并不知晓这位老者,看了介绍,黄老先生真是可以用"平凡而伟大"来形容。在他身上,非常完美地体现了上海制造的价值观。我们不认识他,但是我们每个人在生活中都享受过他的"上海制造"的成果。这是一点不夸张的评价。

黄瑞烁1964年毕业于浙江大学机械系。入学时,校长周荣鑫(1975年任教育部长)告诫学生,你们毕业后的理想应该是做一个工程师。有学生志向高远,举手问周校长,为什么我们不可以去做总工程师?周校长回答,总工程师是清华大学机械系学生的事情……黄瑞烁回忆说,老校长的这番训诫,让他受用一生。毕业后,黄瑞烁就进入上海轻工业局,工作了35年,直至退休。

黄瑞烁工作了一生的轻工业局(1990年已经撤销),是掌管老百姓生活用品研发和生产的机构,比如家用电器,缝纫机,自行车,牙刷牙膏,纽扣,拉链,熟泡面,压缩饼干……都隶属于轻工业局管辖。当年国家外汇极其少,生活用品既无进口的生产线,也无直接进口的产品,所有产品的开发都有赖于轻工业局工程师们的创造发明。

35年间,黄瑞烁最重要的一项发明创造是活动铅笔的笔芯。活动铅笔有三种笔芯，0.7毫米、0.5毫米和0.3毫米。从0.5到0.3，就是这么微不足道的0.2毫米，轻工业部门整整花了30年时间才得以攻破难关，而攻破难关的人，恰是黄瑞烁。他在轻工业局工作了35年，发明创造无以计数，专利无数，但是没有一项专利是写他黄瑞烁名字的，所有的专利都属于上海市轻工业局，他也没有跳过槽，他只是践行着老校长周荣鑫的那一句训诫：做一个工程师。

看到了黄瑞烁的工程师一生，免不了会联系到当下。黄瑞烁名校毕业，"身怀绝技"，所有的专利奉献给了单位，从大学毕业到退休没有跳槽过；有如此杰出贡献的人，并不为社会所熟知，走在马路上都不会有任何回头率；一双手伸出来，分明就是常年做实验下车间蓝领的手……实际上，黄瑞烁真的只是千千万万"上海制造"的一员。上海制造了黄瑞烁们，黄瑞烁们制造了上海。

就如我采访过的张国新、林华卿、张冬伟、梁慧丽、刘磊……也包括闻名遐迩的艺术家教师……他们都是上海制造，同时他们也制造了上海。

"上海制造"原本仅仅是一个地域性的制造概念，如同其他地域性的"××制造"，不具有其他的含义。但是，在每一个中国人的心里，"上海制造"显然不止这么简单，显然还具有更多的含义。

"上海制造"所显示的是，在很长久的年代里，上海工业产品、生活用品的优质品牌意义：式样是最新的，质量是最好的，价格却是最便宜的，"价廉物美"四个字来形容上海制造，是最为恰当的。当年上海的缝纫机、自行车、手表、收音机、汗衫、跑鞋、袜子……一直是全国老百姓的最爱。

其实全国各地也都有制造业，也都在生产各种生活用品，而且工厂的设备和产品的原材料与上海制造业没有差别,但是在全国所有的"××制造"中,真正具有品牌意义的是"上海制造"。

为什么同样的机器同样的设备,同样的原材料,生产出来的东西是不一样的?我在上海新华医院演讲时,也抛出同样的问题问白大褂们:同样的医科大学毕业,同样的医疗设备,同样级别的医院,为什么全国那么多患者舍近求远不在当地问诊,要到上海的医院来求医?

因为完成"上海制造"的是"上海人"。

人,才是最重要的因素。

于是,我想到了要对"上海制造"做一个具有人文意义的定义。"上海制造"是一个文化概念。"上海制造",不仅制造了轻工业产品和诸多消费品,也制造了上海的都市文化,制造了上海的生活气质,制造了这座城市的人。"上海制造"是上海城市精神的原动力之一。"上海制造"体现了上海一个时代的价值观。

如今,我们可以用这一个词语来解释黄瑞烁和黄瑞烁们,那就是工匠精神。

"工匠精神"满天飞,却有几个人称得上是工匠?

工匠必须是有童子功的,是从一而终的。如果没有童子功,就做不了工匠,不是从一而终,那是半途而废,如果是改行,或许也可以做得很好,比如弃医从文,那只是半路出家。

还有,能够称得上工匠的人,都是低头工作的——低头工作恰是工匠所最需要的态度。头是低着的,心是向上的。上进心是一个工匠从入门到谋生的必须。

低头工作说明是有一个确切的、具体的工作对象的。因为有确切而具体的工作对象，所以这一个工作者是站得住、坐得住的，不会三天打鱼两天晒网。

低头工作的人，都不是夸夸其谈的，他不是大师，他只是一个工匠，这个世界上容纳不下很多的大师，这个世界需要工匠来维护世界、美化世界。

因为工作对象具体，所以一个工匠必然具备责任心，这种责任心是工匠的血型。

如此说来，工匠似乎是低端的，渺小的。这是对工匠的误解。

我很熟知动物的特性，所以我将狮群来比喻工匠。

在狮群中，母狮是工匠。因为围猎是母狮的工作。狮王不参加围猎，倒是坐享母狮们的战利品，而且是第一个享受。从这个角度来说，狮王是大师，但是狮王也是名副其实的工匠，它每天都要巡逻，以撒尿作为对疆界的确认，确保狮群领地的完整。在成为狮王之前，一头雄狮要做的最重要的事情，便是向一个狮群的首领发起挑战，夺取狮王的领地和对狮群的统治。

这种"领地意识"——我必须完全捍卫、负责我的领地的一切——最彪悍的狮王，其实也就是一个管理领地的工匠——人类世界的工匠面对自己的工作的对象，何尝不是一种"领地意识"！

或者是厨师锅中的菜，或者是医生面对的病患，或者是泥瓦匠砌的那道墙，或者是一个教师面对着自己的学生，或者是汽车厂生产流水线的一个环节，或许是卫星发射塔的一个地勤工作，谁都是狮王，谁都需要有领地意识，我的领地我负责，我的领地我享受。黄瑞烁与其说是付出一生，也完全可以说是他享受了一生。

拥有自己的领地，捍卫自己的领地，是荣耀，是尊严，同时也是责任；是国王，是将军，同时也是士兵。一个不想当将军的士兵不是好士兵，但是一个只想当将军的士兵根本就当不了士兵。将军即士兵，大师即工匠。

当我们将领地意识视作责任的时候，那么捍卫领地就是职业，就是工作。工作是契约，需要职业精神。职业精神是一个工匠的核心价值——同时正是"上海制造"一个时代的价值观，"上海制造"能够成为一个文化符号的核心竞争力。

记者在介绍了黄瑞烁一生成就之后，提出了一个很有意思的问题：在怀念上海制造和上海人的时候，我们是在怀念什么？

我们怀念的是上海制造的核心竞争力。我们怀念的是上海制造的价值观。

上海制造的核心竞争力，可以用八个字来表述：冒险，专注，坚持，匠心。上海制造任何一个品牌任何一个个人的扬名天下，都和这八个字有密切的关系。冒险是上进心，专注是踏实，坚持是不放弃，心无旁骛，匠心是大师有一颗工匠的心。也可以反过来说，工匠有着大师的天空。

上海制造的价值观，我想到的是上海的公序良俗。上海的公序良俗，我想到的是电影《舞台姐妹》中的著名台词——认认真真演戏，清清白白做人。可以将"演戏"改为"工作"。认认真真工作，清清白白做人，这是何等完美的公序良俗！这不仅仅是对每一个个体有期待，同时也是对社会有要求。这一个价值观告诉所有人，认认真真演戏是会得到社会回报的，清清白白做人是会得到善恶回报的，于是它倡导每一个人如何工作，如何做人。

上海制造百多年来逐渐形成自己的人文内涵，达到自己的人文高度，和上海公序良俗有关。上海这座城市，曾经为许许多多的工匠提供了最美好的舞台，以至于工匠都可以匠心独具，都可以成为大师，三百六十行都可以出状元，那么我们当然要捍卫上海制造的价值观。可惜在五十多年前，《舞台姐妹》甫一公映就被批判，被批判的恰恰就是"认认真真演戏，清清白白做人"，于是社会的公序良俗，遭到了前所未有的破坏，这也正是为什么现在要怀念上海制造的原因之一——因为上海制造也遭到了破坏。

如今是重建上海制造的最好时机。对于每一个个体职业人而言，你就是狮王，你身负捍卫自己领地的责任，捍卫领地是你的工作，工作就是工匠，而匠心独具的工匠，就是大师。

"大驱之父"很普通

张国新，一个很普通的名字，不过他还有一个不普通的大号：中国大驱之父，是西方媒体封他的。

我在江南造船集团见到张国新。人也很普通，只是比较高大，且年长于我。张国新说，我们是向明中学校友啊。是啊，我恍然想起。他是六六届初中生，是我的大学长，他进向明是硬碰硬考进去的，我是七三届，是划地区划进去的，无法相比。不过有一个待遇，我和他是相同的：张国新的班主任也是我的班主任，王素真老师；王老师教了他，后来又教了我。九十六高寿的王老师健在，曾经对我介绍过张国新如何了得，也把我的书送给过张国新。

我接过张国新的名片：中船集团首席专家、江南造船集团专项工程总监。我请教张总"专项工程"的内涵。张国新说，这是国家重点军工项目，项目组长是当任国务院总理。这来头大了，也见得张国新的"专项工程总监"之举足轻重。可以这么说，江南厂的军工舰船，已经完成的和正在进行之中的，和张国新有密不可分的联系。

我说起中国大驱之父，张国新没有什么激动：这是外国人夸张的说法。当然，我知道，2017年已经下水的万吨级055驱逐舰，恰是江南厂造的。

除非是军迷，很多人都不明白"大驱"的概念——万吨级驱逐舰,简称"大驱"。目前世界上仅有两个国家造出了万吨级驱逐舰,美国,中国。连俄罗斯都不具有。

我去江南厂的时候,正值南海阅兵。四十余艘舰艇在南海待命。有说五分之一的舰艇是来自江南造船集团,还有说更多的。可以确认的是,检阅舰173长沙号和检阅舰护卫舰172昆明号,都是江南制造。这两艘052D舰,是海军目前正在服役的最先进的驱逐舰,排水量为7000吨,被称作航母编队的"带刀护卫"和"中华神盾"。

还是在80年代,张国新去德国考察军事装备。当时恰逢改革开放之初,中国的第一艘驱逐舰052刚刚开始立项。052是由中国人自己设计制造,不过,它的装备,是"八国联军",有美国的、法国的、瑞典的、日本的……彼时,中国还不具备生产这些装备的能力。在德国,在看到了当时国际造船业的先进水平时,张国新明显地感受到我国造船业的落后,至少落后50年。

如今30年过去,张国新虽然语气平静,却是豪迈非常:"我们用30年的时间,弥补了50年的差距,达到了世界先进水平。"

从052到052D,千万不要小看仅仅多了一个D。恰是这一个D,显示出了中国海军驱逐舰从"八国联军"到自主研发的蜕变,显示了中国海军的力量和威武。

2008年12月,由武汉舰、海口舰、微山湖舰组成的中国海军首批护航编队从三亚起航,赴亚丁湾、索马里海域执行护航任务。这是中国海军首次在远海执行保护重要运输线安全任务。

我这一代人从小知道的海军舰艇是鱼雷快艇,那是1959年拍摄的军事题材《海鹰》告诉我们的。它只是近海岸线的游击队了,与现在的一百多天不靠岸持续远航,天壤之别。如果舰艇也有知,那么远航归来的052D驱逐舰当对着鱼雷快艇,豪迈吟诵唐代诗人元稹名句:曾经沧海难为水,除却巫山不是云。

我在张国新的办公室墙上,见到了"大驱"的写真照片。满墙的照片都是江南舰艇,有几十年前第一代052,有正在服役的052D,有2017年下水的055大驱,还有正在建造的……张国新如数家珍地向我娓娓道来。他的语气他的神情,淡然平静,而又有一种掩饰不住的自豪。只是,我很难界定张国新是为舰艇自豪,还是因舰艇自豪。张国新是江南军工"专项工程总监",每一艘舰艇都浸润着他和每一个江南人的心血与贡献,他和每一个江南人当然是在为舰艇自豪,同时也恰恰是这一艘艘值得骄傲的舰艇,使得他和每一个江南人的自豪有了最有说服力的依托,他也是在为自己的工作骄傲。

1968年,张国新以一个六六届初中毕业生的身份,来到了江南造船厂。从一个最普通的工人,经历了交通大学的四年深造,继而成为一名造船工程师,从民船到军船,直至活跃在最高技术含量的舰艇制造前沿。张国新说,不管是国家的造船业还是他个人的一生,都得益于改革开放。

我是小学弟,所以在采访之后,我也就套近乎请大学长张国新参加我策划组织的"我们40年"论坛。我请来五位嘉宾在五个"8"之年,谈自己的人生感受,著名艺术家曹雷回忆1978年的文艺春天,张国新压轴畅谈2018年的中国神盾。面对着台下就座的曹雷——张国新后来说,这是他年轻时候的偶像——张国新不禁赧然,但是一旦进入海军战舰的话题,大驱之父的气场弥散开来，听众虽然不可能完全听懂，但是听得极其认真，可谓"鸦雀无声"。

会后，又有梁波罗、高博文等艺术家一起来喝茶，张国新和艺术家真是说不清楚谁敬佩谁了。

走出会场。在马路上，没有人认出这一个和自己擦肩而过的人竟然是中国大驱之父。因为他很普通。

修潜艇的林则徐之后林华卿

上海浦东大道和德平路的丁字路口，有一座工厂，向阳，厂门对着杨浦大桥的上闸道。这是一个略显嘈杂的路段，很奇怪是一旦经过这家工厂的门口，分明是感受到了和有着10条公交线路东西川流的马路不一样的气场，那就是安静，而安静来自神秘。"中国人民解放军四八〇五工厂"这一个厂名，决定了它厂门口的安静和神秘。有常识的人都知道，凡是由数字来命名的工厂，是军工厂，具备了军事秘密的性质，门岗严谨，也让人肃然起敬。从厂门外看进去，四八〇五厂依旧是静谧的，好像是一处机关，无声无息。

军工厂越是静谧，越显得它的神秘。神秘的是它的工作性质，神秘的是里面的人。确实如此。这是一家并不起眼的厂，但它可以说是中国海军舰艇维修的重要基地之一，这里面还有很平凡的人——林华卿，四八〇五工厂原副厂长、副总工程师。称林华卿为"原副厂长"，是因为她已经退休了，但厂里没有人把她看作是退休的领导，因为她天天在厂里，天天工作在舰艇维修的第一线，还时常要出差、出海试航，她是一个穿了工作服上班的人。

人生中的一个决定牵动另一个决定

那一艘曾经去索马里执行任务的054型护卫舰，可以作为一个亲历者，正在船坞内进行维修。舰艇维修同样是海军实力的体现和保障。每每看到它们，我们都理当想到，舰艇的维修者工作的神秘和重要。

林华卿就是这么一位看上去一点不神秘的团队核心人物。人们认识她，可能先是认识她令人崇敬的身世。

林华卿是民族英雄林则徐的曾侄孙女，她是清朝水师鱼雷艇长林朝曦的孙女，她是东海舰队副司令林遵的女儿。家族的爱国血脉，使得林华卿从事舰艇维修的事业，显得是天作之合。但是人们了解她，更多的是感受到她一生的追求，她的几十年不是必然的延续，更接近于偶然的开始。

1947年，襁褓之中的林华卿从美国到了中国。曾经有文章赞美林华卿毅然从美国回到祖国怀抱，林华卿笑着说，我都还只有一岁多一点，怎么可能是毅然回国呢？真实的情况是，林华卿的父亲林遵时任中国驻美国的海军武官，1945年他从美国率领了8艘军舰回国，第二年母亲带着女儿自美而归。对于母亲来说是回国，对于出生在美国的林华卿来说，这是她人生命运的首航。假如当时没有回国，也许会走上另一条人生之路，但是没有假如，林华卿还没有选择的意识，她的父亲母亲选择了回国。正如她的父亲1949年4月23日率领30艘国民党舰艇起义，如果没有这一伟大的壮举，也许林华卿会随父母去台湾去美国，而后成为一位外籍科学家也未可知……但是没有假如，因为父亲选择了中国共产党。

1979年，改革开放伊始，父亲却是癌症晚期。林华卿从山东电力公司调进了四八〇五厂，技术员还是技术员，电还是电，但是从陆上到了水里，从发电转行为舰船维修，从国企大工业转向军工厂，假如当时没有改行……依旧是没有假如。恰如龙应台所言："人生中的一个决定牵动另一个决定,一个偶然注定了另一个偶然,因此,偶然从来就不是偶然。"

林华卿是拿了一本《电力工程设计手册》走向新工作的。书本给予她的是理论,遇到问题,就到现场去寻找答案。她拜工人为师,一头扎进船电、电机、电钳等主要修理小组,在生产第一线融入了新的工作。

导师给了林华卿正确的思想方法和工作思路,父亲和师傅们则造就了她的执着、认真和孜孜以求。林华卿进厂仅仅 5 年之后的 1984 年,四八〇五厂厂史上诞生了一项新的纪录,第一次以职工选举的方式选出了车间主任。对,车间主任就是林华卿。

潜艇主电站、主电机的修后试车,十分关键,每逢这时,林华卿总是泡在现场和技术人员、工人师傅一起,从接线到调试,小心翼翼认真检查,发现问题及时查找原因,迅速排除故障。

林华卿反复说,舰艇维修,尤其是潜艇维修,不允许有任何的差错,因为这涉及全艇官兵和他们的家人。2003 年,海军 361 潜艇事件,导致 70 名官兵全部遇难;2000 年,俄罗斯核动力潜艇库尔斯克号发生爆炸沉没,艇上 118 名官兵全部罹难……这些悲剧每时每刻都是在训诫。林华卿和她的同事们,就是因此把自己的工作看得这么重要,做得这么严谨,完成得这么出色。林华卿是这个团队的带头人。

断了肋骨,僵直着身体坐上了飞机

从叔曾祖父林则徐开始,历经爷爷林朝曦、父亲林遵,直至林华卿的200多年来,这个家族就是一张爱国主义的光荣榜,同时又是一张与祖国海防结缘的家族光荣榜。林则徐作为民族英雄的事迹家喻户晓自不待言,让我们怀有另一种崇敬的是林氏几代人爱国主义的一脉相承,并且几代爱国主义的行为都是由海而生。

林华卿的爷爷林朝曦,曾是清朝海军的鱼雷艇艇长,北洋水师的覆灭,使他明白了海防的重要。1924年,他让18岁的儿子林遵报考了烟台海军学校。1929年林遵赴英国,先后在格林尼治皇家海军学院、朴次茅斯专科学校学习;1937年赴德国学习潜水艇技术。1946年10月,林遵率领舰队收复了我国的南沙、西沙群岛。1949年4月23日,在解放军渡长江前夕,林遵时任国民党江防第二舰队司令官,率领30艘舰艇、1200多名官兵在南京附近水面起义,加入了解放军的行列,这一永载史册的壮举,为解放军渡江打开了长江之水门,也为日后海军的成立提供了重要的海军装备。1955年林遵被授予少将军衔,1975年担任东海舰队副司令。

有点像是"女承父业",林华卿则是在父亲告别人世的同一年,踏进了海军领域,在海军的舰艇维修中发挥着自己的热情和作用。林遵还来不及看到女儿在舰艇维修上取得的成绩,但是女儿没有辜负他的期望,尤其是在林华卿和同事们攻克了一个又一个技术难关,将海军的舰艇维修推向先进水平之时。

20世纪90年代初,中国从俄罗斯引进了一些舰艇,被称作"引俄设备"。设备是先进的,我们的维修技术是空白的。

1995年她和同事们去俄罗斯进修,学习舰艇的维修技术。由于教师不懂汉语,翻译不谙专业,林华卿处在"外国人讲话听不懂,中国人讲话也听不懂"的尴尬境地。无奈之中,林华卿每天晚上除了巩固白天的学习成果外,还坚持给翻译补专业课。这样,为把每一项修理工艺弄懂、吃透、记熟,她得付出双倍的精力。林华卿和她的同事们突出的敬业精神和顽强的拼搏精神感动了外国教官。

外国教官只是看到了林华卿学习的敬业精神,他不知道,在林华卿刻苦学习的背后,是她带着云南白药和止痛片踏上飞往异国旅途的。原来,临出发前的一天,林华卿不慎摔了一跤。登机前,她从医院里刚刚拍好的片子上,看到自己胸前的一根肋骨折断了。林华卿回忆说,当时她也曾担心过,但是她是组长,临阵换将已不可能,林华卿一咬牙,就僵直着上身坐上了飞机。

"苟利国家生死以,岂因祸福避趋之",是她的叔曾祖父林则徐画像两侧的格言。1949年,林华卿随母亲回福州时,在叔曾祖父画像前叩拜过,当然林华卿不可能非常清晰地记得自己三岁时发生过的事情,她更不习惯把自己的行为上升到列祖列宗的祖训光辉,但是与从小的耳濡目染,从小的家庭文化背景的熏陶是一定的。

军工厂很重要,名声很好,但是经济效益一般,在其他很多相关领域,林华卿可以获得更高的收入。当然,对于林华卿来说,这是不可能的。林华卿出生在美国,她也可以去美国定居,况且那里还有父亲生前的朋友向她邀请,当然对于林华卿来说,这也是不可能的。

即使父亲还健在,父亲也当为女儿骄傲。有朋友告诉林华卿,在台湾看到一部纪录片,说到了大陆的海军,也说到了林华卿的父亲林遵。在林遵起义后,国民党长期对林遵耿耿于怀,咬牙切齿,这也说明了当年林遵起义是多么具有历史意义。朋友告诉林华卿,台湾媒体拍的那一部有关大陆海军、有关国民党将领起义、有关她父亲林遵的纪录片，已经较为客观，没有情感的狂躁，有的是历史的探寻。林华卿听了颇有感慨，反映历史的真实，真实地反映历史，假如父亲九泉有知，也是多了一份欣慰。

退休了，林华卿还是活跃在舰艇维修第一线。在四八〇五厂，那一个穿了工作服在厂区走着的，那一个在船坞旁站着的，那一个在潜艇里猫着的，那一个有点上了年纪的，很可能就是林华卿。

在钢板上"绣花"的八零后

张冬伟从小喜欢钓鱼,从铅丝上扎一截蚯蚓当作鱼饵开始,直至现在几乎就是一个职业钓鱼爱好者,几十年都没有中断过垂钓。

我知道钓鱼者,一定都是执着的人。渔具、鱼饵,都是需要精心且个性化的准备。他们根本不喜欢在鱼塘里钓鱼,鱼塘里的鱼是为鱼钩而涌动的。张冬伟喜欢半夜摸黑乘了船去野钓。不管是寒冬,还是酷暑,在船舷或是河边,一动不动;冬天跐拉着鼻涕,夏天淌着汗。不是一个垂钓人,就理解不了钓鱼的乐趣在哪里。一个刚入门的爱好者,总是摒不住要去提一下鱼竿,这鱼儿为什么还不上钩?钓鱼老手则像是一尊佛,任凭风浪起,稳坐钓鱼台。谁说他漫不经心?他看到了鱼游过来了,他还是纹丝不动,鱼越游越近了,鱼上钩了……这才是提起鱼竿的最佳时机。

在沪东中华造船厂,我和张冬伟相视而坐。张冬伟的职业,是电焊工,当然,不是普通的电焊工。他是 LNG 船殷瓦钢电焊工。

我的疑问潜藏在心里,殷瓦钢的焊接到底有多难?钓竿和焊枪有什么微妙的关系?张冬伟就像他对待殷瓦钢的焊接极其细致而熟稔,他知道我想知道的是什么。

桌上摆了一个船模型,船舷上书有 LNG。张冬伟开始讲 LNG 故事了。LNG 是远洋液化天然气运输船的国际统一标识,它的使命是运输液化天然气。天然气经过零下 163 度液化之后,它的液压立方仅为六百分之一,运输能力大大提升。

但是零下163度的超低温，给液化天然气的容器带来了高科技难题，普通钢材会发脆变形，而殷瓦钢则是完全不变化，这就保证了液化天然气运输的安全可靠。

张冬伟的工作，是将一块块殷瓦钢焊接起来，形象地说，张冬伟的工作就是做热水瓶内胆。

张冬伟是中国第一批殷瓦钢电焊工，意味着什么呢？意味着在他们之前，中国还不具有制造LNG的能力。也正是张冬伟这一代造船人，在2010年造出了中国第一艘LNG。

中国都有航空母舰了，LNG有什么好说的，还如此姗姗来迟？

张冬伟微微一笑，笑得很憨厚，很腼腆。他告诉我，世界上有三种船的制造属于同一级别的高端：航空母舰，巨型邮轮，LNG。LNG的制造居然和航空母舰相提并论。

我对眼前的张冬伟更加刮目相看了——后来我明白，真正的刮目相看是在之后。

在我浅薄的想象中，殷瓦钢应该非常坚韧厚实，零下163度根本难为不了几十厘米厚的钢板。我想到了当年苏联坦克钢板有78厘米厚，在零下几十度的中苏边境寻事。张冬伟个子不高，好像也没有很大的力气，他何以将厚厚的钢板焊接起来？

张冬伟又微微一笑了，还是笑得很憨厚，很腼腆。殷瓦钢抵抗零下163度，不在于厚，恰在于薄。殷瓦钢的厚度是0.7毫米。0.7毫米是什么概念？相当于一张名片纸的厚薄。张冬伟的工作，是将一张张0.7毫米厚的殷瓦钢焊接起来，而焊接殷瓦钢，最重要的是保证内部没有缺陷，熔深控制在0.5毫米左右，焊接时一个不留神就会烧穿。衬垫殷瓦钢的是木板，烧穿了就会引发木板燃烧，所以，烧这个焊缝就是像在木头上玩火一样。而任何一个针眼大小的漏点，都会引起天然气泄漏引发灾难。

听张冬伟介绍到此，我不由地说了这么一句：这不等于是像在钢板上绣花？其实比绣花要难得多。我终于明白，为什么第一批持证的 LNG 电焊工仅仅 16 人。

随之，我就更想知道，眉清目秀的张冬伟是如何成为 LNG 的电焊工的。

2001 年，20 岁的张冬伟从沪东中华高级技校毕业，和其他十来个同学一起，正式成为沪东中华造船厂的一名电焊工，是一个名副其实的"蓝领"。

大凡技术型的工作，到了一定的高度，犹如竞技体育，越往上越难，却又比得出高低。有意思的是，技术型的工作，也像竞技体育一样，是有比赛的，而且还是全国性甚至还有世界性的比赛。张冬伟出门去比高低了。

2005 年，央企比赛（属于全国二级比赛）在扬州举行，通过层层选拔，有一百多个高手参加，张冬伟最终获得了三等奖。2012 年中国船舶工业集团技术比赛，张冬伟又获第三名，获得了"全国技术能手"的荣誉称号。

中国造船业新的一页也就在这一个时候翻开来了。

沪东中华造船厂接到了任务，要建造中国人的 LNG 了。在此之前，日本韩国芬兰法国几个国家垄断了全世界的 LNG 造船业。中国一直是租用的，一天租金便是几万美元。

2004 年 12 月 15 日，首艘 LNG 船在沪东中华开建。

张冬伟和一批青年电焊工开始接受严格的培训。殷瓦钢的焊接工艺要求极高，光是每个焊工的专业培训费用高达15万元。G证考核官是来自法国的第三方考核，他们代表了LNG的国际水平，也代表了船东的利益，所以培训和考核极其严格。能够在超级LNG船上进行全位置殷瓦钢手工焊接的焊工，必须经过国际专利公司GTT的严格考核，取得合格证书之后，每个月都要重新复证一次，复证合格才能继续上岗工作。

殷瓦钢是一种耐超低温的钢材，薄如纸张，极易生锈，手摸一下，24小时后就会生锈。所以在焊接中，不能有一颗汗珠，一个手印，这就要求工人在焊接时，不仅手上准，更要心里稳，焊工们的任何情绪的波动，都有可能直接影响焊接的质量。为了磨炼自己的心理状态，张冬伟闲暇时间就去钓鱼，练性子。

张冬伟说，当你拿起焊枪焊接时，首先是心无杂念，除了焊接熔池，什么都不能想。我对张冬伟说，是否有点像打坐，也必须是心中排空，杂念全无。这样的心无杂念，十分钟一刻钟，也许都能够做到，但是几个小时的心无旁骛，很难。

虽然在LNG内胆焊接，没有了以前的风吹日晒，也虽然，殷瓦钢的直线焊接都是智能焊接，只有每一个边角弯道的焊接，是人工焊接，但是，边角弯道的焊接常常是在狭小的空间里，没有高超的技术，没有一颗大心脏，是做不到的。

张冬伟说，他从心里感觉自己的幸运。因为沪东中华造船厂给予了他最好的平台；如果当年不是进入沪东中华，那么他就没有机会成为LNG的建造者，因为沪东中华是目前国内唯一有能力建造LNG船的企业。

张冬伟的眼睛蛮秀气的，可是常常被安全眼罩遮挡住了。以至于要为他拍工作照的摄影师都觉得不无遗憾，因为他工作时，一定是手持电焊枪，戴着安全眼罩，那一双蛮秀气的眼睛，在工作照中是很模糊的，看不出任何的秀气。

也恰是这双眼睛，可以把只有 0.7 毫米厚的殷瓦钢看得真真切切。我用外科医生做手术来形容烧殷瓦钢，张冬伟蛮是自信地同意。他说，在达到一定程度的水平时候，一切都是心领神会，心里想着，眼睛看着，焊枪烧着，就是 0.5 毫米的深浅。

作为高技术含量的稀有人才，张冬伟两次入列央视纪录片"大国工匠"，是全社会的楷模，但是如果以白领和蓝领来界定，手持电焊枪的张冬伟，只能算是蓝领。很少有人知道 LNG，很少有人知道张冬伟为国家创造的财富。按照当下的市井价值观，在从学校走向社会之际，恐怕很少人会去船厂做一个电焊工，更多的学生都是向往着去商务楼做一个白领，光鲜、时尚、体面，还有，白领的工资收入……

我没有问张冬伟的收入多少，既是不礼貌，同时也是想象得到的。张冬伟的收入，肯定比不过国外同等技术型稀有人才的收入；若是在国外，张冬伟的收入远远超过大学教授。我以为，张冬伟和他的殷瓦钢焊接同事的收入，是有行业规定的，不会超过大学教授，和白领比起来，也毫无优势。

张冬伟倒是坦然，他说和他太太的收入都交给了两个孩子，孩子的各项教育都需要钱的。这么说的时候，张冬伟丝毫没有埋怨的口气，更没有对白领的体面光鲜时尚有任何的羡慕。张冬伟是一个对家庭非常满足的人，同时又是对自己职业的神圣高尚非常满足的人。

垂钓是张冬伟的爱好,也是修炼,修炼的是心静。

钓鱼最快意的一刻,是鱼儿上钩、提起鱼竿的瞬间。张冬伟说,烧殷瓦钢的最快意一刻,是烧好了最后一小段,把它当作艺术品细细欣赏之时。

小梁，阿姐——梁慧丽

走进莲花公寓，我就在捕捉这一个闻名全国的小区与其他小区有什么不同。一下子还真没有看出来。已经有了二十多年的动迁房式民居小区，地处中环之外，不仅不豪华，反而略显陈旧，地段也偏远了。抬头看去，基本上都是六楼高的居民楼，朝南的居民在龙门架上晾晒了衣服被子；小区通道自然狭窄，车也是停得一辆紧靠一辆，有三三两两老人在聊天……

我问路了，居委会在哪里。莲花公寓有152幢房子，蛮大的小区，路不好找。这一问，倒是问出了名堂。回我话的居民很是平静而热心，跟我详说直走、向右、向左……偏偏我地理方位差，问了又问。莲花公寓的居民都很和善，去问路，被问者，有男女有老少，都很乐意为我做"GPS"导航。

也就在我看到了二楼高的居委会时，梁慧丽来电话了，其实她已经走出居委会来迎接我了。

在我说到我在莲花公寓问路时，梁慧丽说，阿拉小区居民真的很好的，他们对我的工作特别支持。二十多年前，他们叫我小梁，现在老的居民还是叫我小梁。年纪轻一点的呢，他们叫我阿姐。

不过1996年她刚刚上任莲花公寓居委会党支部书记、主任时候，面对的困难，几乎就是看不到对岸的困难。

那时候的莲花公寓，是名副其实的下只角中的下只角。莲花公寓位于上海普陀、嘉定、宝山三区交界处,属动迁居民安置社区,20世纪90年代刚建成时,开发商遗留的问题尚未解决。动迁居民搬进来了,小区竟然还未接通管道煤气、自来水,更没有有线电视。因地理位置偏僻,周边缺乏商业网点和公交线路,天一黑,连出租车也不愿开进这个草比人高的地方。

居民都觉得被边缘化了,怨气冲天。眼见着来了一个斯文、秀气的女人,谁相信她会有办法改变莲花公寓的一切?

上任伊始,她选择了最特殊却也是最具有温度和黏合度的方式与居民对话。

梁慧丽拿了一个电喇叭,应该就是传呼电话用的电喇叭,站在小区空旷处,抬头向居民喊话。

梁慧丽向居民作自我介绍。有居民从自家阳台窗口向下看,半信半疑地打量着这一个新来的居委会书记。他们看到的梁慧丽,文弱,却是很精干,而且说话的中气很足。一开始,居民几乎只是看看热闹,没有谁会把这一个居委会书记放在眼里,也没有谁把她的话当真:大家可以叫我小梁……听着听着,新来的居委会支部书记的话,他们听进去了,尤其是这一句——我承诺,每年做一件实事,做不到,你们不赶我,我自己就走。这一个承诺,在莲花公寓回响着。

梁慧丽要做的第一件棘手的事情,是将有线电视拉进小区。看不到电视,居民哪能不光火!居民老吴还写了大字报强烈抗议。

梁慧丽找到老吴,告诉他,我和你还有大家一起联名写信给政府有关部门;我们这个地区有线电视早就有了,只有我们小区没有接进来,我了解过了,这是开发商遗留的历史问题;我们完全应该把这个情况反映给政府的。老吴听到梁慧丽这一番话,有些意外。他以为这个小梁是要他收回大字报的,他都想好了拒绝收回的说辞,但是小梁说一起联名写信反映,老吴心里触动了,一方面他觉得小梁这一个居委会书记敢于担当,另一方面他也为小梁担心,一个支部书记和居民一起联名写信反映问题,多多少少有点忌讳的。

梁慧丽这么说了,也是这么做了。"办法总是比困难多",这是梁慧丽的信念。梁慧丽和居民一起联名写了信,这只是第一步,梁慧丽还要去找政府有关部门,还要找市长区长。

一个多月后,莲花公寓的有线电视开通了!一件实事做好了!

居民们放了鞭炮庆祝,这大概是全上海独有的景观吧。

从这一刻开始,"小梁"这一个名字,平添了亲切、信赖和凝聚力。

一千多个居民联名写信的信件复印件,至今还被珍藏着,成为莲花公寓的美谈。

有线电视开通了,煤气开通了,自来水接进来了……梁慧丽努力的背后,恰是"小巷总理"的努力,是"和谐示范小区"的努力。

莲花公寓的居民中,下岗工人多,吃低保多,外来媳妇就有四百多,孤老19个,问题家庭或者问题个人也不少。在这样的小区当"小巷总理",吃力不讨好,更没有人会听你。几年前,小区要对居民楼阳台加固大修了,这么一件好事,却有居民不配合。为什么?因为他们自己已经对阳台做过了改建,比如阳台已经成为小房间,大修,势必以后又要重新打理了。老百姓的想法大多很实际,只要自家的阳台不会塌下去就行了。各人自扫门前雪,哪管他人瓦上霜？

梁慧丽可是一个喜欢扫清家家门前雪、喜欢管家家瓦上霜的人。她上门去做工作了。没有大道理，也不说对与错。听我的，给小梁一点面子，或者给阿姐一点面子。老人心中的小梁，年轻人眼中的阿姐，这么一种称谓，非常市井，非常有用。小区居民楼的阳台加固大修，就是这样温情脉脉地完成了。

这几年，小区居民车越来越多，莲花公寓通道原本就不宽敞，如今越发拥挤了。小区内单行道势在必行。莲花是一个蛮大的小区，有152幢居民楼，单行道使得本来住在靠近大门的居民开车优势没有了，要么出小区兜一大圈，要么进小区兜一大圈。不止一个居民对梁慧丽说，阿姐，我一个月要多用30元的汽油。说归说，单行道就这么开出来了。

有个体重二百多斤的保安对"阿姐"说，侬不要我，啥地方也没人要我了。莲花公寓居委会有一条用人原则很重要——居委会的工作人员全部是本小区的住户，小区的保安也要是本小区的住户。

一声"小梁"，一声"阿姐"，一句给面子，好像是简单而朴素的感情，是梁慧丽的成功。

见到梁慧丽，像是认识一般。

当然我早就在各种媒体上认识了梁慧丽，不报名字，我也知道她就是梁慧丽。

还有更深一层与梁慧丽熟识的感觉。我看过梁慧丽的介绍，我问梁慧丽：你是七三届吧？是啊是啊。我说我也是。所谓七三届，就是1973年的中学毕业生，我和梁慧丽是同龄同届，也就多了共同的经历共同的话题。我称赞梁慧丽是我们上海七三届中学生的荣耀。我们是同一届的中学生，经历过那一段社会历史的人都知道，其实我们也是同一届没有读过什么书的中学生，我们的读书，都是毕业分配以后的事情了。即便是没有读过什么书，即便是年少青春，一个人的能力、智慧和价值观，也已经初现端倪，为日后的人生轨迹定下了方向。果然，梁慧丽说，在中学里，她就是一个升旗手，后来在新光内衣厂也早早被提拔为干部了。她在莲花公寓发挥出来的能量，是和四十多年前的一个中学生升旗手有关的。

落座后，我们很快进入采访对话。梁慧丽的言谈很有逻辑性，也很生动。我听着，做一些笔记，余光之中看到了梁慧丽身上的特别。梁慧丽戴了一副袖套，还是点缀了红色小花的。我心底稍有惊奇。惊奇于梁慧丽为什么要戴袖套，也惊奇自己刚见面时为什么没有发现梁慧丽戴着袖套。

很少在公众场合见到袖套了，甚至如今的年轻人都不知道袖套为何物了。以前袖套是常见的，尤其是上海人更是喜欢戴袖套。做事情的时候，袖套保护衣裳最有效，有了袖套，袖子就不容易磨损，更不容易受污；做好事情，卸下袖套，衣裳还是清清爽爽。如今，生活改善了，袖套似乎也退出生活了。

我没有问梁慧丽为什么要戴袖套，梁慧丽也没有说为什么要戴袖套，但是在梁慧丽给我讲述的一个个莲花公寓故事中，已经包含了戴袖套的答案。

作为居委会主任，很多时候，就是亲临小区的每一个角落，做一些清洁工保洁员的事情，即使是在居委会办公室，也不是清茶一杯，不断地接待居民，还要伏案工作，衣服尤其是袖子，一定很容易磨损受污，于是袖套就成了两全其美的工具了。

在聊天结束我们合影时，梁慧丽问，要不要摘下袖套？我很坚决地表示，戴着更美丽。

再一次见到梁慧丽是在电视上，她去北京参加十九大了。

一条公交线的自白:我就是景观

2016年8月,上海发生了一件好像没什么意义的事情:要"寻找最美公交线"。

原本是一次带有行业色彩的评选,很多时候行业评选总是问津者寥寥。况且公交线路有什么好评?一样的车票,一样的座位,一样的因为路堵而蹒跚。

出乎主办者意料的,也可以说是正中主办者下怀的是,众多市民都热情地参与进来。要在一千多条公交线路中脱颖而出,摘取最美公交线的花魁,倒也不是一件容易的事情。

这一项殊荣的获得者,这一条最美线路的承载者,是49路。

有网友这么写道:乘一趟49路,从外滩经过人民广场,到从前的法租界,经过最最繁华的商业区,也经过最最幽静的小马路。一路浪向(一路上),听听用上海话播报站头名字,看看窗外头高高大大梧桐树、圣三一教堂、跑马总会、静安别墅、犹太总会、白公馆、普希金头像、爱庐、宋子文官邸、国际礼拜堂、中央研究院……老建筑的身影一眼眼往后头退去……这就是上海最美公交线路。

49路,起自外滩的汉口路站,止于上海体育馆站,沿途要经过黄埔、静安、徐汇三个区,除了可以游览位于汉口路黄浦江边的海关大楼、汇丰银行大厦以及人民广场上的上海大剧院和博物馆等早已为人们熟悉的景致外,静安合并前和徐汇两区一直以来都是上海滩名声最响的"上只角",而49路车恰好要开过其中不少精华地段,那里面不乏美丽的街道、弄堂和历史建筑。

印象中,49路公交线几十年来是上海公交系统标兵中的标兵,这会给坐车乃至观景带来愉快和帮助。

沿途人文景观之美是天意,也是幸运,但是要将最美线路之美展现出来,不是简单地让乘客头朝窗外看风景,而是需要另一种美和风景之美相匹配、相融合:我就是景观。

刘磊至今还记得十年前第一天上早班的情景。

2009年的冬天。凌晨3点多,天还是墨墨黑。刘磊骑了电瓶车去上班了,骑在电瓶车上,寒风迎面吹来,骨骨抖的感觉。这一天是她第一次担当49路公交车的售票员。我听说过公交公司职工可以搭乘顺路公交车去上班,偏偏刘磊上班沿线没有公交车可以搭乘,只好披星戴月3点出门。

也不需要这么早啊。49路头班车发车是早晨4点45分,缘何3点多已经要赶去上班了?原来49路车队有自己的"土政策",头班车的司售人员,必须提前一小时到达停车场,要洗车,要做好发车前的一切准备,要做到发车万无一失。

刘磊是在2009年经过社会招聘进入巴士集团的。

当时刘磊刚刚完成了生育大事,也估计到了49路车队可能比其他车队更加忙碌,因为是先进车队,但是当她进入到车队后,忙碌的程度还是远远超出了她的估计。

公交公司有早班中班之分,刘磊选择上长早班,是为了下班后有更充裕的时间照顾孩子,但是她没有想到,49路的早班要提早一个小时，3点多就要到岗了，而且从到岗到下班，几乎没有歇息。

我特意去了漕溪路上的万体公交枢纽。我要体验一下49路的与众不同。这个公交枢纽中，有几十条公交线路，49路只是其中之一。有一辆待发车的49路，前车门下，有位售票员，端庄站立。见我走近，朝我微笑，并做出了请上车的手势。这位女性并不很年轻，但是神情非常干净，一条丝巾则是增加了都市与时尚的元素；她对着我微微一笑时，是一种非常亲和且非常愿意的微笑，完全没有任何敷衍的成分，又不夸张，就是这么一种很自然的流露。

有同样感受的，绝非是我一个人。我在大众点评网上看到了众多49路粉丝写下的评语，在此选择一例分享："49路属于服务明星级别的公交车，也是少有的还有卖票员的市区线路。从终点站乘坐，卖票员上来有一串欢迎语，真是受宠若惊。每一站停靠她都会起身挥舞小红旗让大家当心。车厢干净，自带拖把。难得坐一回，高兴，哈哈。"

49路不是一夜成名的网红。走进万体公交枢纽49路车队会议室，首先映入眼帘的是荣誉墙，都是奖状。主人说："挂不下了，这还只是一部分。"

最早的奖状是1997年的"上海市劳模集体"，还是当时的市长徐匡迪签署的，每5年评选一次，已经是六连冠了，我去时，正要冲击七连冠。还有一面"工人先锋号"奖状，主人自豪地告诉我，这是全国总工会颁发的。

49路车队的奉献和荣誉，和一个人有关，那就是全国劳动模范、长期任职49路售票员的马卫星。

1997 年的"上海市劳模集体"荣誉，是对 49 车队和马卫星辛勤努力的褒奖和回报，恰也是对他们的鞭策，二十多年来他们确实获得了很多荣誉，但是他们为了乘客而做出的每天的努力，于他们，浸染着热情、辛苦和聪慧，于乘客，则是享受着所有的温馨、体贴和方便。

比如说，在 49 路车队的服务禁用语中，"不"是名列前茅的。乘客问下了车中山医院怎么走，乘客问向前走还是往后走离地铁站更近……都必须准确回答，不可以说一声抱歉我不知道。为了做一个不缺角的"万宝全书"，车队员工下了班就会去走一走量一量。

比如说，49 路车队有一个自讨苦吃的洗车规定。除了头班车发车前要洗车，车队还有"雨停路干车清"的规定。上海是多雨的，尤其是春夏，好端端的天，就下雨了，过一回又雨停了。只要雨停了路干了，那么进了终点站，驾驶员和售票员就合同洗车，不仅是把车厢擦干净，同时擦车身。有时候，刚擦净，又下雨了。

还比如说，车队乘务员上班都是风油精、纸巾必备的。暑天老年乘客头晕了，自有风油精会递上，有乘客需要擦拭，自有纸巾递上……其实这已经完全超出了公交车的服务范围。

如果说，这一切的"好人好事"只要用心地去做一定就会"好有好报"，会得到乘客的点赞，还有一些时候，你一点都没有错，但是被曲解了、受委屈了，怎么办？

有一次，两个乘客吵起来了。刘磊立即上前劝阻。偏偏这两个老兄来劲了，越吵越凶。刘磊上前挡在这两人中间，一边劝一边隔开彼此。两人还是不罢休，一人骂了句狠话，另一人哪肯吃亏，竟然将手里的蛋糕狠狠扔向对方。刘磊极力以自己柔弱的身躯去做挡箭牌，不料蛋糕不偏不倚飞到了自己的脸上……这委屈算不算大？如果刘磊就此呵斥扔蛋糕的乘客，似乎也未尝不可，但是在她脸上没有丝毫的委屈表现。也就是在这一刹那，那个扔蛋糕的乘客说"对不起"了，那一个说狠话的乘客也说"不好意思"了。两个乘客偃旗息鼓了。刘磊擦拭着粘在脸上的蛋糕屑，却也觉得这一次委屈很值得。

49路从1997年第一次获得"上海市劳模集体"以来，已经22年。这让我想起了一句名言：罗马不是一天建成的。这句名言的真正含义是，建成罗马，需要每一天努力的积淀。22年，谁都不敢小觑的，谁敢对着上海放言：我就是景观。

崇洋崇到了脚

"洋为中用"是 20 世纪 50 年代后的一项文艺方针，假如要评选谁最善于在生活上洋为中用，恐怕就是上海人了，最典型的两项洋为中用是捷克式家具和荷兰式皮鞋。

在 70 年代末至 80 年代风靡一时的捷克式家具，完全是上海人最为独特的生活艺术才情。它改变了 50 年代后普通家具的垂直框架线条，而是以大约 5 度的角度像下向外扩展，然后再收回去。它是有脚的，细长而向外支撑。对于上海人来说，四个高脚很重要，因为有了四个高脚，大衣橱、五斗橱下面便可以塞进去鞋子或者鞋箱。捷克式家具最早的完成者不是家具厂，而是普普通通的小青工，学了一点木匠的本事，自己在弄堂里做出来的。

当时的捷克确实有这么一种风格的家具，在 60 年代一些东欧电影和画报中有过捷克家具的掠影，上海人就是从这么一些星星点点的介绍中开发出一套捷克式家具。

为什么开发出来的是捷克家具，而不是苏联家具？从道理上讲苏联老大哥的东西更加具有楷模的强制性推广作用。当然可以理解为苏联家具笨重，大而无当，但这还不是最重要的原因。最重要的原因没有人探讨过。假如做一个细细排列，上海和捷克首都布拉格居然有一脉看不见的暗流在涌动，上海从布拉格这座看似陌生的城市里，找到了诸多自己熟知的东西。捷克式家具是其中之一。

如今捷克式家具已经看不见了，但是在一些人家的新居客厅里，捷克的波希米亚玻璃器皿占据着显要的位置，而且识货的人很多，都说得出捷克玻璃含铅。据说在东欧国家的旅游热中，捷克是最热的。

这还不足以证明上海和布拉格的关系。再往前推向1959年，上海诞生了"上海之春"——一个类似于音乐节的活动，至今还在延续。在上海之春的13年前，布拉格诞生了他们的音乐节："布拉格之春"。

虽然有很多的捕风捉影，捷克式家具的原型毕竟来自捷克。那么荷兰式皮鞋呢？它是否来自荷兰？长久以来，关于荷兰式皮鞋的怀旧焦点都集中在了"猪皮模压""765"以及它的美观上面，却是从来没有正本清源细究一下，上海人是从哪里、从什么渠道拷贝而来"荷兰式"。

需要做一个小小的注释。所谓"猪皮模压"是指这种皮鞋是猪皮的——现在已经绝少，而且鞋底是橡胶的，它不像普通皮鞋是用线连接鞋底与鞋身，而是高温模压出来的，这是跑鞋的做法，省去了人力成本。至于"765"则是它的价格，7元6角5分，要比当时普通的"青年式"皮鞋便宜将近10元。小青年一个月工资36元，就觉得"猪皮模压"性价比高，于是给予"猪皮模压"一个非常亲切的昵称：765——千万不要联想到"C919"这样的名称上去。

上海与荷兰的任何城市都没有特别的亲近，不像法国巴黎似乎就是上海的城市楷模，很少听到上海人在荷兰有亲戚的，加之中国与荷兰正式建交已经是1972年，所以很少有荷兰的生活文化信息会流通到当时闭塞的中国闭塞的上海。也就是在这么一种时候——在中荷正式建交之前,荷兰式皮鞋诞生并且迅速成为最流行的皮鞋。四十多年过去,没有人能够告知当年上海皮鞋厂是从什么渠道拷贝了荷兰人穿的皮鞋,也没有人能够证实当年荷兰人确实流行过这种皮鞋款式。为什么没有人告知拷贝的渠道?因为本来就没有渠道;为什么没有人证实荷兰人曾经流行? 因为谁也没有看到过荷兰人的皮鞋流行。

　　终于可以大胆地推断,经典的"荷兰式"完全是上海人自己子虚乌有、臆想出来的一种款式,与荷兰没有任何的关联。荷兰式质量上乘,一点不伪劣,但是是"弄虚作假"的。上海人向来被冠以崇洋媚外,也就是洋为中用。"文革"前尖头皮鞋来自美国风格,随着"文革"的开始而被彻底灭绝,在"文革"后期,上海人的洋派又顽强展现出来,收敛了尖头皮鞋比较夸张的狭、扁、翘,又分明看得出有一点点狭,有一点点扁,有一点点翘。不称它美国皮鞋,也不称它法国皮鞋、英国皮鞋,这些国家的政治属性过于鲜明,而是叫它荷兰皮鞋,这个国家似乎是很委婉的角色,有距离却不陌生,有梵高有大风车,以前的克宁奶粉就是荷兰的……"荷兰式"这一个名字,或许就是这样叫出来的。也或许它本来并不叫荷兰式,当时的"文革"还没有结束,不会有这么小资的商品名字,完全就是买皮鞋的人给予它的一个民间美称,而后民间美称"荷兰式"取代了它原来的出厂名字。不管是哪一种可能,都足以证明"荷兰式"与荷兰无关,它是经历了"文革"的红色洗礼,上海人还依旧委婉保持了风尚的洋派。一二十年之后,上海植物园一个花展再一次勾起了上海人对荷兰的好感:荷兰郁金香。

"荷兰式"属于当时的流行，属于当时小青年的款式，至今还依稀可辨它的休闲和轻松。当然老克勒是不会穿荷兰式的，他或许已经穷得买不起皮鞋，他以前穿的皮鞋是老式两截头皮鞋，"文革"了，只有旧皮鞋了，穿了那么多年数，坏了，到鞋摊去修修补补，打了个鞋掌。

骑老坦克的贵族

很久以来，人们已经习惯于片面地理解"一方水土养一方人"，很少反过来想，也是"一方人养一方水土"，每一个地方，总是有专属于这一个地方的人，专属于这一个地方的物，专属于这一个地方的事。就像是龙井和西湖的关系。

费玉清很多次至上海举办演唱会，穿来穿去是一套西装，唱来唱去差不多这么几首老歌，做来做去是清汤挂面的舞台背景，很有可能，台下听来听去依旧是这么些老面孔，但是连年的演唱会，一直保持了很可观的票房。据说，演出公司还非常乐意举办费玉清的演唱会，虽然票房收入不很高，但是费玉清演唱会的宣传成本、舞台成本都要低得多，也就是说，性价比高。

当然，在上海费玉清特别有观众缘，和上海的女人们（其实也包括很多的男人），像是热恋中的一对情人，有说不完的话，走不断的路；明明知道他是一个师奶杀手，女人们也还是去听他的演唱会。上海女人喜欢费玉清是有道理的。费玉清不紧不慢的语速，很是谦卑，朗朗上口的怀旧老歌，符合上海女人的口味。他会很真诚地对台下的女人男人说，让你们破费了；有一次他唱《一剪梅》唱出了眼泪，唱完后他没有表白自己因为真心演唱落泪，而是浅浅一鞠躬：对不起，失礼了，失礼了。

如果做一个费玉清祖籍的虚拟选择，上海人？东北人？河南人？安徽人？广东人？四川人？不熟知费玉清祖籍的人，显然会认同费玉清是上海人。事实上，这个选择一点不虚拟，费玉清的祖籍是安徽桐城。迄今为止，费玉清没有在安徽开过个人演唱会，上海俨然是他的故乡。

一个上海人，或者说一个像上海人的人，有专属于上海的行为细节，就好像费玉清对花钱买了他的票来听歌的歌迷说一声"破费了"，把自己"授礼者"的身份主动降格为"受礼者"，这与上海人传统的繁文缛节完全一样，同时也与当下来自欧美的礼仪相得益彰。当然费玉清也不是刻板的男人，在不紧不慢的歌声之余，便是他不紧不慢的说说笑笑，把段子讲得极其鲜活，并且恰到好处地"亚黄色"一番。黄段子是庸俗，亚黄色段子是文化，是水平，也是博得女人喜欢的招数。在费玉清演唱会上，穿插着的是听者的会心一笑，从来没有人说费玉清庸俗黄色的。

行为细节不是作秀，而是一个人俗常生活的不经意流露，所以它并不是有钱人的专利。"穷且不坠青云之志"，对于上海人来说，应该是穷且不坠上海人的派头。

有一位艺术家，"文革"时下放劳动去做了木匠。艺术家本不是一个喜欢劳动的人，长了一双纤细的手，但是不妨碍他把木匠活当作了艺术，每做完一件都要细细端详，家里的橱柜也由他度身定制。同时，艺术家又很看重自己的一双手，在一个人的手上，不仅看得出是劳心者还是劳力者，而且还看得出其精神生活的高贵或者低贱。一个男人，应该是这样——修长的手指，修茸光滑的指甲紧贴着手指，没有一点点的龌龊和污垢。

为了木匠的艺术和手的高贵是矛盾的。一天木匠生活做下来，那一双手像是赤佬的手。这个男人每天晚上一定要做的一件事情，是用一把旧牙刷，蘸一点肥皂，将手指、指甲沟细细地刷一遍，然后在台灯下细细检查，手背、手心，尤其是指甲沟，不容许有一点点的污垢嵌在里面，经常还会检查不过关，再刷一下，直至最后可以像欣赏艺术品一样欣赏自己的一双手。尽管这一双手的主人已经被剥夺了高贵的生活，但是主人仍旧维护着手的高贵。

他，就是邱岳峰。

1980年，已经相当相当遥远，在记忆中，似乎是全社会幸福指数最高的时候。有话可以说了，有书可以读了，有衣服可以穿了，有工资可以加了，有文艺可以欣赏了，有事业可以钻研了，有爱情可以追求了。几乎每一个人都感觉到自己是生活在"希望的田野上"，人们都已经将自己的心愿展望到了下一个世纪四个现代化的实现，"再过二十年，我们来相会，荡起小船儿，暖风轻轻吹"……

就在这一年，邱岳峰死了。自杀。58岁。在他去世的时候，报纸上没有任何报道，当时的报纸是不可能报道一个自杀者的新闻的。只有小道消息越传越结棍，越传越具有言情小说的滋味。永嘉路上翻译片厂门口——上海人习惯这样称呼，而不是称呼它的学名"上海电影译制厂"——有些人三五成群，轧轧闹猛，听听小道消息，其中又有业余福尔摩斯对案情的推理，尤其是对那一个女人的猜想。有些生产组阿姨妈妈叫不出邱岳峰的名字，就直接说是"《简·爱》里的男的配音的"。直至三十多年后，电视上正好在播一档翻译片厂的节目，很突然的就有一个人说，格额辰光（那时候）和邱岳峰的女人，就是伊呀；就是伊啊！倒是没有什么评判，话语一转，邱岳峰可惜可惜，嘎好格配音。

一个人身亡那么多年后，人们还记住了他，还为他可惜，实在是这个人过早离世的不幸,也是体现了这个人的价值。

将邱岳峰界定为上海人似乎有点牵强,他的父亲是福州人,母亲是白俄女子,但是自1949年直至1980年去世的31年,也就是邱岳峰生命中27岁至58岁最重要的阶段都在上海度过,尤其是作为第四个进翻译片厂的第一代配音演员,邱岳峰当然是上海人。

不仅邱岳峰是上海人,尚华、毕克都是上海人,而他们"头儿",译制片厂厂长陈叙一,出身资产阶级买办家庭,家里形形色色的外国人来来往往,给他后来作为译制片厂的奠基人,奠定了外国风情的基础。

在上海译制片成为中国的绝响之后,所有人都在称颂这一家特殊"工厂"的工人,但是从来没有人追问一下,为什么电影译制厂独独诞生在上海?全中国就没有一家分店,充其量也就是长影有一个译制片组。事实上,长影在1947年已经有了译制片组,给《蝴蝶梦》配过音,也涌现过向隽殊这样的配音明星,但是长影的译制片组一直没有转正为译制片厂,而上影译制片组在1957年便升格为译制片厂,独领了中国电影配音的风骚。有一个传说,《红菱艳》在"文革"期间已经译配。最早接受任务的是长影,译配完成专送到北京,当时某位中央领导不满意,责令上海翻译片厂重新译配,后来为片中莱蒙托夫配音的,就是还没有"解放"的邱岳峰。有圈内的朋友告诉我,客观地讲,确实上海版《红菱艳》要高于长影版。

答案似乎又不言自明。上海是中国最早、最广泛看到好莱坞电影的城市,1929年在夏令配克影戏院(后来的新华电影院,现已拆除)第一次公映美国有声电影《飞行将军》。上海也是最早最广泛在自己的城市里接触到外国人、领略欧美生活的城市,上海还是中国最闪现出欧美风情的城市，上海还有中国第一代电影和电影明星。还有哪一个城市，会比上海更有资质担纲起翻译片的中外交流？

由此许多人以为，翻译片厂的这些老明星，一定家境丰厚，养尊处优。实际上，他们并不富裕，比如邱岳峰，每天，一辆很旧很旧的自行车，车龙头上荡了一只黑色人造革包，尚华、毕克都是骑了"老坦克"上下班的。他们都在80年代初退休，没有享受到福利分房。他们退休时的工资是一百多元。我后来打听到，在第一代译制片配音大家退休时，职称评定还没有开始，所以退休工资低。

在知晓了他们的俗常市井生活之后，有一个北京观众在电视上发问："上译厂那帮人，也买大白菜，骑脚踏车，打月票上下班，开小组会，读报纸，他们活得跟每个中国人一样，他们读过小说，其实大家都读过。为什么他们能进入《简·爱》的空间、《战争与和平》的空间、《悲惨世界》的空间？那帮人脚跟站在中国土地上，但另外又过着属于云上的日子？"

一生空守小洋楼

上海市中心巨鹿路里弄深处一幢600多平方米花园小洋房的主人蒋先生，每天要喝柠檬红茶，很考究，茶水先淋在茶包上然后沏进茶杯里，还要喝咖啡，吃三明治；头发梳理得锃亮，习惯用英文打字机打字写信。屋外，打桩机在嚣叫，屋内，老唱机依然缓缓流淌着往日旋律。

谁都很容易确认，这就是老克勒生活方式，恐怕是从几十年前一直延续到如今的生活方式。所有关于老克勒的生活记忆，都是以羡慕仰视的口吻，回味着专属于上海这一个极其特殊的男人群落。

说到了唱片，顺便插入一段来自纪琮《经济观察·"文革"时期上海人的衣食住行》一文有关206唱机的史料，很有意思："'文革'期间，上海中国唱片厂的206电唱机几乎一统天下。它质量稳定，造型简朴甚至可以说不美观，售价60元。全国各地的广播站都可以申请购买一台，作为宣传广播的有力工具。当时流行的薄膜唱片每张3角，品种不少，广受欢迎，所以206电唱机也走进千家万户。"

记忆是一个过滤器，通常总是将记忆中的美好放大，而过滤掉了记忆中真实的痛苦和愁绪。对于老克勒来说，记忆只留下了他们令人羡慕的生活，尤其是提供他们生活的家庭经济的荣耀。

事实可能是这样，也可能不是这样。

还是这位蒋先生，在常人眼里，几乎是一个怪人：一生没有上过班,终生未有娶过妻,守着祖上的洋房度日,守着年轻时的小开派头做人。牙刷柄断了,舍不得丢,在烛火上煨一煨,改成刷杯子的刷子。牙膏要用到擀面杖擀过,挤尽牙膏,再拿去当废品卖钱,但是他又舍得花几百块钱去锦沧文华吃一顿。小楼是1949年父亲留下的,"文革"中蒋先生被红卫兵赶走了18年,最后又面临房产开发商"赶走"。

遗老遗少的生活,孑然一身的乖戾,很长一段时间里被资产阶级和无产阶级共同排斥在外的灵魂,构成了蒋先生六十多年的日子。

就像上海女人一直在被误读一样,老克勒被误读有过之而无不及。他们的一生好像是极其简单,除了"文革"这一小段时间,他们是养尊处优一辈子,他们做过小开,甚至就是白相人、纨绔子弟,到了七八十岁,还是那么天庭饱满,有滋有味,还是那么懂经,那么老克勒。

如果在锦沧文华遇到蒋先生,他就是这么个老克勒;如果是在他的家里初遇,他就是一个很难猜透的怪人。在上海,像蒋先生这样的"末代老克勒"经历了相似的不愉快人生。他们曾经依靠吃定息、股息、出租房子、出租钢琴游手好闲,吃遍上海,白相遍上海,找一个好看小姑娘荡荡马路看看电影吃吃饭店是一桩老小的事体,要他们去做工人是不可能的。到了"文革"年代,所有的收入都因为是"不劳而获"被中止被没收,再要想到工厂当一个工人也没有了资格,为了有一口饭吃,只得去了街道工厂、里弄生产组,和一帮子阿姨妈妈一道做生活。1976年之后,落实了政策,依旧是一个没有正式工作的人,而且年近40岁,还没有结婚。当然有人介绍,有房子有钱,介绍过来的小姑娘都是好看的,可惜总是谈不拢,他们嫌人家小姑娘像乡下人,还怀疑小姑娘的动机;而小姑娘嫌他们"疙瘩"(沪语,过分的挑剔),脾气怪。

2002年,来自北京的女记者梁子成了蒋先生的临时房客。最初的日子里,梁子和蒋先生几乎不说话。后来梁子发现,其实蒋先生这个人挺好的,特别细心。每天早晨梁子出门工作的时候,他总会提前替梁子准备好午饭,晚上还会为梁子烧红茶,冲热水袋。渐渐地,梁子和蒋先生开始熟络起来。按照北方人的习惯,梁子叫他蒋叔;大概是因为梁子比较直爽,蒋先生叫她姑奶奶,还时不时地给她讲些他和上海的老故事。

蒋先生告诉梁子,解放前,他的父亲生意做得不小,不但经营了一家纸号,还投资了几家外国的商行。蒋先生还是个孩子的时候,就知道这一切对于他们12个兄弟姐妹来说,意味着皮鞋、照相馆、西餐,还有从外国带来的玩具。

上海就要解放的时候,父亲担心会有什么后患,就一个人匆匆去了香港。1950年,蒋先生的兄弟姐妹大都去了美国。最后母亲也走了。1961年初,18岁的蒋先生送母亲和小妹妹去火车站,上了火车,蒋先生才知道母亲要带妹妹去香港,这个家这幢房子,都甩给了蒋先生。蒋先生很生气,有一种被这个家庭遗弃的感觉。他从火车上下来,连话都没说,扭头就走了。就这样,蒋先生成为这幢房子里唯一的守护者。1966年的一个深夜,至今蒋先生还记得是几月几号,一群红卫兵把他从睡梦中揪醒。蒋先生立即明白发生了什么……他第一次离开了自己的家,直至1984年落实政策,整整18年间,他一直没有从自己的花园洋房门前的巨鹿路走过。

落实政策后,蒋先生的父亲从香港寄来了房屋委托书。他为何在抛弃儿子35年后突然又想起了这个儿子，难道是出于救赎心情吗？蒋先生不知道。他说自己已经老了，这一切都是迟到的东西了。

于是600多平方米的小楼就住了他一个人，靠出租空房间过日子。

梁子租房的那一段时间，小楼面临动迁，动迁组登门拜访了蒋叔好多次。双方对房子的属性谈不拢。动迁组将老宅定性为里弄房子。对此，蒋叔说了：不，不是里弄房子，是花园洋房，不仅涉及动迁款，更涉及自己的身价。

600平方的房子是身价，也是蒋先生不结婚的重要缘由。他的朋友说：蒋先生以前很喜欢交际，跳舞跳得很好，女孩子都喜欢他。不是这个大房子，他早就找好老婆了。当然也有他喜欢的女孩子，有什么用呢？他这个人考虑问题比较多，因为他是一个人，他怕人家看上他的房子，而不是看上他。以后老婆家里的亲戚朋友一家老小全部住到他家里来了。看到他的房子那么好，那么大，又有钱，全部来吃来住，倒霉了。所以他不敢讨老婆。

在最终搬离自己花园洋房的前夜，梁子提前一个星期为蒋先生60岁生日庆生。就在老屋里，一个蛋糕。蒋先生曾说，从没有人给他过过生日。梁子要蒋先生对着生日蜡烛许一个愿，蒋先生好像很平静：离开这个该死的地方，太幸福了！

梁子拍了一部纪录片《房东蒋先生》，是得了奖的。

后来洋房终于拆了，后来这个地方是一个钻石地段的楼盘，名曰凯德茂名公寓。再后来，也就是2017年，有消息说，蒋先生走了。

90年代上海人谈恋爱的招数和把戏

1997年,我在自己供职的《海上文坛》杂志上策划了一个民生调查栏目,并且独自设计调查表格,而后分析,再而后撰文。"杰作"就此诞生。当年互联网还没有兴起,我们的调查纯手工,且是小范围,但是影响不小。只不过当时的文章标题太大了——中国人的恋爱方式,其实说的都是上海男男女女的事情。二十多年过去,重新翻阅,倒是翻出了当时的生活原生态。

以下便是当年文章节选。

当我们以90年代的眼光,去浏览50和60年代年轻人的恋爱方式时,或许会感到进入了天方夜谭的世界;当我们以几十年前恋爱者的身份,来参观20世纪最后10年间流行的恋爱方式时,几乎肯定会惊叹不已。

于是,促发了作者调查了解几十年来上海人恋爱方式变化的愿望,制作了调查表。这是一份有局限的调查,它的涵盖面不大,比如它仅仅局限于都市,而且也无力企及几千年的文明史。

让制作者颇感满意甚至喜出望外的是,受访者看来很愿意通过一个特殊的渠道,谈论些许平素回避的话题,谈论些许未曾对自己恋人和配偶启齿的话题,谈论些许已经属于隐私范畴的话题。

恋爱与年龄

这一个区块调查的内容有，受访者的性别、年龄、学历，还有初恋、正式恋爱的年龄和年月，包括恋爱时候的身份、收入。

在受访者中，初恋年龄最小的女性和男性都是在14—16岁，初恋年龄最大的女性和男性都是在21岁以上。

让人产生疑问的，是对初恋的界定。那些将自己的初恋年龄锁定在21岁以上年龄组的男女受访者，在21岁之前，究竟是不存在任何与异性的带有情感意义的接触，还是将这种接触忽略不计？当然，可以想象的是，在20年乃至30年以前，一个20来岁的年轻人，是不大会公开自己的情感的。如果有恋爱的嫌疑，很可能会受到批评，那个年代有一个批评年轻人恋爱的专用名词：早恋早爱，这是丧失革命斗志的同义词。所以即使是在21岁之后初恋，也必定是偷偷摸摸一般。

一位女受访者，在"恋爱时身份"一栏中，将"大学生"中的"大"字划去，于是她告诉我们，她恋爱时，还是一个女学生，而不是女大学生。一种突如其来的感觉使得调查者愿意做出如此的猜测：她可能还很年轻，可能结婚并不多久。

还有一位受访者让我们窥视到的，也许是一个老三届的生活和婚恋历程。他说他没有初恋——他用一个字作为对初恋年龄的选择：无。他正式恋爱已经是32岁以上，也许去过北大荒，也许在安徽插过队，1977年考上大学回到上海，大学毕业当了教师，拿着不足100元的月薪，开始谈恋爱，结婚。这一晃，已经十几年了。

恋爱与场景

这一个区块调查的内容有，与恋人相识的方式，是自由相识还是亲朋介绍，还有约会的频率、约会的场所，约会是否包括餐饮，是点心店还是去饭店，大约消费，谁买单。

不出调查者的意料，由亲朋介绍而相识的恋人，占据了28.6%的比例，超过了1/4。但是出乎调查者意料的是，"亲朋介绍"并不是最高比例，33%的受访者回忆说，他们与恋人相识于邂逅，让人一下子浮想联翩，好像《魂断蓝桥》的罗曼蒂克就在眼前；另外，因为同事而恋爱的占23%；因为同学而恋爱的占14%；因为邻居而恋爱的占4.8%。如果将邂逅、同事、同学和邻居统称为自由相识，那么它的比例将近3/4。

恋爱关系确定之后，约会地点变得重要起来。公园还是恋人们的首选，而且没有年代之分。因为公园既可以滋生浪漫的气氛，又善于接纳亲昵的存在。38.1%的受访者曾经与恋人在公园里流连忘返。当然，荡马路、看电影、一方的家里，这样的传统约会地点，仍然占据重要的位置；在咖啡馆里培养感情的恋人，略微少一点。那些歌舞厅，没有一个受访者把它作为浪漫的场景，可能歌舞厅是适合群体性的喧闹却不适合情侣间的热烈的地方。

在约会次数和时间两个问题中，超过3/4的恋人每周约会1—2次，超过1/2的恋人每次约会3—4小时。每周约会4次以上者绝无仅有，而每次约会全天者，没有，或许受访者认为全天的概念是一天一夜，就是24小时，那不成了同居了？

约会时间持续了3—4小时，肚子应该饿了，但是经常上餐饮店的恋人仅有14.3%，与从不上餐饮店的恋人人数不谋而合，倒是偶尔上餐饮店的恋人将近半数。他们每次消费，大多在50元以下（47.6%），100元以下者已经降至9.5%，而300元以下及以上者，一个也没有。这份调查的受访者基本是普通工薪阶层，所以需要有一种既勤俭节约又适当消费的形式来支撑约会。按照约定俗成的习惯，约会的付费方，总是由男方承担，轮流付费或者无所谓者，都还是少数。但是在受访者中也出现了意外。仅有一位男性受访者，与恋人去餐饮店时，是由女方付费。

恋爱与条件

这一个区块调查的内容有，恋爱关系确立前是否希望对方具备如下条件：独立婚房，是否抽烟喝酒，是否全民所有制，家庭出身，本地户籍，对方的非苏北祖籍，学历，经济实力、颜值和是否处女。

某女，结婚时间在1976—1985年之间，结婚年龄在32—36岁之间。她希望对方具备如下条件：男方有婚房，年龄相当，人老实，在全民所有制单位工作，家庭出身是工人阶级，身高在1.7米以上，最好是个干部子弟，当然祖籍不应该是那些受民间舆论歧视的地域，要有气质，但不要结过婚的。

另某女，结婚时间在1991年之后，结婚年龄在22—26岁之间。她的要求非常简明扼要，一共4条：对方要有较强的魅力，要有经济实力，要有体面的职业，气质要高贵。

同为女性，仅仅因为20年的时间距离，两者的要求竟然是如此大相径庭。

那时候，全民所有制单位有大劳保，工龄满8年看毛病不扣工资，儿子老娘看毛病可以报销一半；那时候，家庭成分将影响子女的政治生命，理想前途门自开，资产阶级莫进来；那时候，谁有海外关系，就说明谁有钱，谁有华侨票，可以出入华侨商店；那时候，身高1.7米堪称运动员身材；那时候，女人不会做针线就是懒女人；那时候，父母没工作的很多；那时候，干部子弟意味着拥有一切；那时候，本地户口就是你生活的资格，那时候，某些地域的祖籍是自卑的象征……于是，男婚女嫁，必须三思而行。虽然也有许多热血青年无视恋爱的社会藩篱，结果往往是，不听老人言，吃苦在眼前。

从调查表中我们发现，从80年代中期开始，女性并不很在意男方是否有过婚姻史，甚至有观点认为有婚姻史的男人更加成熟；90年代结婚的男性受访者，有3/4已经不坚持对方必须是处女，不必告诉我你从哪里来，只要答应我你不再到哪里去。

从调查表中我们还发现，有些要求是一脉相承的，有些要求是男女相通的。比如，所有的男性受访者在择偶时，一概谢绝有过婚姻史的女性，1966年结婚的这样想，1996年结婚的还是这样想。还比如，对私营经济者作为恋人的可能性，竟然没有一个受访者有意识地希望对方是私营经济者——那时候的私营经济者，基本上等同于个体户。

恋爱与恋人

这一个区块调查的内容有，从相识到结婚的时间，从首次约会到结婚是否更换过恋爱对象，首次上门携带礼品的内容和价值。

从相识到结婚的时间长度，长长短短，古往今来没有统一过。于是人们把相识不久就结婚的叫作"闪电式结婚"，把旷日持久的恋爱叫作"马拉松爱情"。闪电式自然有闪电式的冲动，马拉松也自然有马拉松的耐力。

直至70年代中期，更换对象似乎一直是很克制的，更换率在2—3人以下。这之后，频率有所提高，80年代中期似乎达到了高频率的峰值。那时候，有一个班甚至一个排的女朋友或者男朋友，并不稀奇；脚踏两只船甚至三只船的事件，也时有所闻；喜新厌旧的社会新闻，此起彼伏。在80年代中期之后，更换的频率逐渐平和。

在本次受访者中，更换率最高的时期，出现在1976—1985年结婚组，那一位声称自己没有初恋的男受访者，当年轧的女朋友，超过了10个，恐怕有一打吧，真可谓是初恋损失熟恋补，当然其中或许不乏无奈与自嘲。很有可能10个女朋友中，有9次，或者有七八次，是见一两面就拜拜的，且是女方拒绝了他。历经八年抗战式马拉松恋爱的女受访者，没有更换过恋爱对象，是意料之中的，8年的恋爱已如同婚姻，改变这样的恋爱就如同改变婚姻一样的困难，会受到社会舆论的谴责。

恋爱与性

这一个区块调查的内容有，从首次约会到拉手的时间，从首次约会到接吻的时间，在结婚前是否有过性接触。

受访者的坦然，使得调查者原先的担忧多余。面对这么三个既一目了然又包含个人隐秘的问题，受访者极其踊跃地参与了问答，极其坦然地诉说了他们过去的好时光。虽然无法肯定受访者的陈述百分之百都是真的，但是可以相信绝大多数的受访者没有虚假的意愿。

有一位男性受访者对三个问题都没有回答，这是一位在1966年之前结婚的长者，我们应该理解长者的矜持。

有三位受访者对"拉手"和"接吻"两个问题弃权，在任何一个时间选择答案中都不作选择。其中一位女性受访者，甚至很坚决地在这两个问题旁写上了"没有"，意思是结婚前没有拉过手，也没有接过吻，没有任何的肌肤接触。突然，某一天，领了结婚证，办了几桌喜酒，入了洞房，火箭式地发生了变化，宽衣解带，成了夫妻……

1966年之前结婚的受访者，他们（她们）从首次约会到拉手的时间都在20天以上，从首次约会到接吻的时间都在45天以上。无法知道还要"以上"多少天。

在这之后的10年间，也即1985年之前，从少到多，越来越多的受访者胆大起来，轻率起来，有一位在1976—1985年间结婚的女性受访者，与恋爱对象拉手和接吻的时间，分别是2—5天和10—20天。

1986年之后发生的事情，我们实在太熟悉、太习以为常了，恐怕现在谁也不会对街角、车站、公园恋人的拥吻投去惊诧的眼光，倒是惊诧的人会被人家惊诧。

至此，有关恋人间拉手和拥吻的问题已经讨论完了，应该讨论第三个问题了：在结婚前是否有性接触？经常有？偶尔有？没有？

受访者所反馈的答案，显示了一组我们大致可以预料到的数据。婚前没有性接触者和婚前有性接触者的比例为57.1%：42.9%，一半以上的受访者在婚前没有性接触。而且，年代越是久远，婚前没有性接触的比例越高。在1975年之前结婚的受访者中，每一个人都完全做到了"洁身自好"。事实上，那个年代的婚前性接触确实非常少，只要想象一下到产院做人流须凭单位证明，就能理解当时年轻人的自觉了。有些女孩子因为不敢到单位去开证明而酿成悲剧的事，也有所耳闻。

在而后的10年间，婚前性接触悄悄地发生了，比例是2∶1，仍是婚前没有性接触者占优。再而后的5年，也即1986—1990年，双方还是维持原来的2∶1的格局。而1991年之后，比例为1∶5，婚前有性接触者大幅度增加。在诸多产院的"早早孕人流"诊室外排队的女孩子，大多若无其事的样子，略施粉黛，心情大约要比开双眼皮还轻松点。

在受访者中，八年抗战的超长马拉松恋爱者女受访者，没有越雷池一步。

透过受访者的陈述，我们似乎臆想到了受访者那些春风沉醉的晚上。知青女受访者，恋爱时她还在黑龙江农场，她在婚前偶尔有性接触。也许那是在麦垛后，也许那是在山坡上，也许那是在宿舍里，农村是一个广阔的天地……也许就像我们看到过的影视中，知识青年的当年景象。

那一位正式恋爱已年逾32岁，却又轧了十几个女朋友才结婚的受访者，并不否认自己婚前偶尔有性接触。

某女受访者承认,有过,只是偶尔。为什么是偶尔?因为认识不到半年,就结婚了。

20年前的这项微调查,并不介意上海人几十年间恋爱方式为什么会发生变化,而是介意发生了什么变化;并不介意数据式的精确,而是介意每一个受访者的点点滴滴;并不介意受访者为什么选择了自己的恋爱方式,而是介意他们选择了什么恋爱方式;并不介意学术上的严密,而是介意回首往事的生动。

顺便说一句,20年前,作为杂志编辑,是有成功的喜悦的。

百岁主编百岁宴

说起《故事会》和《文化与生活》两本杂志，无人不晓，尤其是《文化与生活》杂志，1978年创刊初期风靡全国，一刊难求，必须要凭券才能买到。

这两本杂志的创刊主编是同一个人，出版界老前辈李中法先生。知道李老的人不很多了。因为，为他人作嫁衣裳，是李老的职业性质，低谦则是李老一生为人的态度。

2018年中秋之际，李老的儿女为李老举办了百岁宴。

小孩的百日宴常常参加，老人的百岁宴倒是难得受邀。百岁老人毕竟不多，过生日可以在家里小辈聚集，吃一碗寿面，已是大吉；若是寿星亲临寿宴，两三个小时自始至终，鹤发寿眉，能坐能语能思能吃，是晚晴的美景了。一百多亲戚晚辈来拜寿，还不乏壮观。

李老百岁生日，本不是在中秋。子女却是将中秋时节当作了父亲百岁大生日的背景，也是有独到的理由。大女儿大女婿和外孙都在美国生活，与其中秋"佳节倍思亲"，遥寄一片思念，何不就在中秋一家团聚？同时，也是借着金桂玉兔，表达"花好月圆"的美意。

通常，私人性质的寿宴，"不足为外人道"，但是李老的百岁寿宴，有了太多的佳话。一位百岁老人，所有的社会职务江湖地位都已是遥远的过去式了，虽然是一个大生日，来祝寿的也就是自己的小辈了，三五桌也足矣。李老的寿宴却是在一家老字号的五星级酒店摆了十五桌。是铺张吗？一点不铺张。九十多岁的亲家来了，九十多岁的老同事来了,还有一位老太太,年纪比李老略小几岁,却是辈分最高的,李老还要恭恭敬敬叫老太太一声"婶婶"。李老的家人亲戚好几十个,亲和融融,也是一景。在曾经的国宴厅,好几位老人坐了轮椅被推进来,像敞篷车一样,接受着晚辈的夹道欢迎。六七十岁的学生来了一大群。还有一桌,竟然是李老读书时代同学的子女,也都是五十上下的年纪,从各地赶来拜寿。其中有位女士是歌唱家,寿宴上女高音无伴奏独唱"生日歌",唱出了泪花。她说小时候在上海音乐学院读书时,住在李老家里,李老待她如女儿。

寿宴免不了寿礼。主人有言在先,且是写进了电子请柬:人到即礼到,谢绝一切贺礼。主人如此郑重其事申明,让人就范于恭敬不如从命之礼。五星级酒店的十五桌不便宜,是三位子女共同向父亲期颐之年表达的心意。听说老人原本不愿意摆寿宴,怕是收了礼欠了人家。"人到即礼到",主人便没有负担,寿宴像是做了一个人生的回顾展览。来参加寿宴的人,或者是这一个回顾展中的元素,或者是一个回顾展的欣赏者。人生百岁,且健康如常,家人晚辈簇拥,是很难企及的境界了,岂能没有一点仪式感?寿宴恰是最好的仪式,即便是提到人生的盛宴也不为过,盛宴是需要有宴来铺垫的。

作为一个祝寿者没有送出寿礼,心里自然歉疚,不过再一想,百岁人瑞,当然是要庆祝,这不叫排场,而是老人眼前的满目青山。有位同去祝寿的朋友说,不收礼,心里总是过不去。我对他说,不要过不去,等你一百岁寿宴时,我也不送礼。人到即礼到。人是最高级的礼。在哈哈一笑之余,我们也就空手去祝寿了。

李中法先生是上海出版界的老前辈了,几十年间,他带出了诸多编辑弟子，其中不乏后来的编辑名家。李老职业生涯中创办的杂志上百种，笑傲江湖而看淡江湖，这与他一生的磨砺有很大关系。20世纪40年代，共产党地下组织派李老卧底国民党，国民党怀疑他是共产党，苦于没有证据。50年代后，共产党怀疑他是国民党，曾以"历史反革命"论处，"文革"结束，终于迎来了安逸的日子。

李老创办过的杂志《故事会》《文化与生活》，几乎每一个人都看过。说到这两本杂志，参加百岁宴的宾客，都想到了自己曾经和这两本杂志的因缘，由此，对李老又多了份肃然起敬。众多不年轻的晚辈由此一定要给李老拜寿。

不在于李老早就没有了的"发稿权"，不在于李老早就稀疏了的人脉往来，只在于这位前辈一生的待人、待家庭、待起起伏伏的生活。此所谓"人间重晚晴"，晚晴有盛宴。

大哥，你好吗？

差不多是已靠近周末，家人偶尔说起大嫂要过七十大寿，就在那一周的周末。我都没怎么想，就飞去深圳拜寿。那一段时间，我有点忙，几乎只有一天的空闲。那就早班飞机去，第二天早班飞机回。大嫂在电话那头谢绝，我则说我机票也已经订好。时间我都记得清清楚楚，2014年3月16日。

寿宴尚未开始，已是祥和与欢欣，彼此说一些时间真快的闲话。尽管如今大家都不服老也不认老，但是无论如何，七十岁还是要算做老人了；好在一儿一女早就成家立业，职业体面，事业有成；膝下还有一对双胞胎的外孙和一个孙女，书声歌声琴声交融。

晚上去了饭店，进了包房，论资排辈纷纷入座，包房的门也关上了。瞬间，也就是这瞬间，我心里冒出了王维这一句——遍插茱萸少一人。少了我的大哥，大嫂的丈夫，侄子侄女的父亲。这一瞬间，我鼻子一酸，我知道谁都不会察觉到的，因为仅仅一瞬间。大哥大嫂"文革"期间大学毕业，分配到安徽凤台工作，成家生子，而后大哥从县计委副主任的位置上下海，孤身去深圳，并且竭力要举家南迁，直至他离世前，还在努力。命运实在是捉弄人，如果不是大哥去深圳发展，这一家人都不可能去深圳，两个孩子的职业和婚姻很可能会是另外一个格局；当全家人都去了深圳，并且有很安稳的生活，大哥不在了。

我没怎么想就赶去深圳给大嫂拜寿，出于我对大嫂的敬重和对大哥的情意。

我写文章很少涉及家人亲人，这一篇文章差不多是例外了，我写了我的大哥。写之前，我又翻出了差不多是五十年前大哥送我的生日礼物。我不是一个很容易动情的人，但是轻抚礼物，心里像是被揪动了一下。

我10岁时候，是收到过礼物的，吃的玩的礼物都已经忘记了，只记住了一件，是大哥送的。当时他在南京读大学，礼物是寄过来的。一张书签，一面是他自己着色的孙悟空三打白骨精图像，这是暗合了我的猴生肖；另一面是他自己手书的勉励语句：望尚龙弟对待困难时像孙悟空三打白骨精一样稳准狠。当然不是金箔的，仅仅是几分钱一张的，而且还是夹在信里面寄过来的。

说实话，我没有把它当作很珍贵的礼物，只是将它夹在书里。大约也是书签过于轻薄，夹在书里也不碍事，也就一直夹着了。直至到了二十多岁的某一天发现书签还在，倒是生了心想留着，大扫除也罢，搬家也罢，丢了些值钱的东西，倒是这一张书签，过于轻薄，反而一直安闲地插在某一本书中。迩来48年，大哥已去，书签犹在，已经成为家中珍藏的文物了。

还是在1995年的时候，我写了一篇怀念大哥的文章，我还请求报社朋友帮忙在特定时间刊登，就是我大哥去世周年时。那时候，全家还是沉浸在痛失亲人的悲痛之中。当我把这篇文章收进我此书的时候，不觉一声轻叹：又是二十几年过去，大哥，你好吗？以下便是当年的文章全文——

一年多之后，回想起来，你的远离或许是早就注定了的。你的处世方式，你的信念，你的性格，长年来潜移默化地推动着你的远离。

你是一个过分看重责任的人，而你一生的经历又恰恰给你提供了担负各种各样责任的可能性。在祖辈父辈眼里，你是长房长孙，是他们的寄托；在兄弟姐妹中，你是长兄，是弟妹的信赖；在你自己的家庭中，你是妻子儿女的众望所归；在学生时代，你总是被同学拥戴在前；在你创建的公司里，你又是无人替代的领衔主演。这种一千零一夜般无穷无尽的责任，对于有些人来说或许不堪重负，或许不愿重负，而对于你来说，却近乎是一种乐趣，或者说是一种自觉的承受，也或者说是一种约定俗成。不论是你或者别人，都觉得你是应该负责任的。

当然这也没错。因为这样的感觉，来源于你太强的能力、太强的道德感和太强的自尊心。太强的能力使你周边的人因之逊色并且自叹弗如，比如我，小你十岁，但是我一直觉得超越不了十年前的你。太强的道德感既升格了你的责任感，似乎与生俱来便负有若干使命，同时，也获得了周边人的不怀任何戒备的信任。太强的自尊心则是竭力将你的责任感带向一览众山小的境界。责任、道德、能力、自尊合在一起，应该说是很美丽的，可是非常世俗的社会反反复复地证明着如下的规律：一个能力太强的人，如果同时兼备着太强的自尊心和太强的道德感还有太强的责任心，肯定是他周边人的福音，然而对于自己来说，往往不是一件特别好的事情，甚至不是一件好的事情。不幸的是——或者说太让人尊重的是——大哥，你就是这样一个人。你想对一切负责，可是并不是所有的一切都会把负责回报给你。你是别人的责任人，可是你是你的什么人呢？

而且，责任是负不完的。责任有如红舞鞋，只有远离责任的人才不会受责任的制约，越是走近责任，越是在充当穿上了红舞鞋的角色。如果我没有想得太离谱，你早已穿上了这一双一旦穿上便脱不下来也停止不了舞步的红色魔鞋。于是你必须把有限的精力投入到无限的责任中去，你在消耗精力时，如同一个出手阔绰的富人，从不考虑口袋里的钱会不会花完。其实你肯定知道精力是很容易透支的，然而你从来不愿意张扬疲劳，以至于你会固执地拒绝亲人和好友对你身体的担忧。这和许多人不一样，现在许许多多人都在喊累叫忙，虽然也不乏其真，可是谁又能说没有标榜炫耀的意思呢？你也有你的标榜，你的标榜是过人的精力和坚如磐石的身体。在这一点上，你恰似一个入不敷出却喜慷慨解囊的穷人。你赢得的是别人对你的敬重，你付出的却是你的所有。

两三年前，甘萍演唱的《大哥，你好吗》风靡，我便有种感觉，此歌是为你写的。而今，我在写这篇短文时，迫不及待地想写下来的一句恰恰是：大哥，你好吗？

烤菜上了台面

几年前某天,一家人去饭店。冷菜中有宁波烤菜,母亲尝了一口。问母亲是不是很嫩,母亲一笑,全部是菜心,哪能会不嫩?不过还没我老早烤得入味。母亲又说,要是过年,烤只烤菜早上过过泡饭,倒是蛮爽口的。

那一次过年,家里烤烤菜了。烤菜怎么烤?有下一代孩子好奇,他们以为烤菜是要烤箱里烤出来的。我说,就是用烧红烧肉的方法烧青菜。去菜场之前,母亲再三关照,要买矮脚菜,菜秆肉头厚。买来后,母亲亲自检验是不是矮脚菜,又关照,先把菜晾一晾,烤起来汤头就不会太大。母亲已近九旬,早已经不下厨了,但是要烤烤菜,她有绝对的话语权并且兴致极高。那一天,她连手杖也不用,亲自在厨房督导,菜边皮要剥几爿,菜心要多少大;菜头要切掉多少,酱油要多少,糖要多少,要烤多少辰光……所有的督导意见,容不得半点的修正和更改。

要起锅了,母亲还要亲自尝味道,像电视台烹饪比赛的评委。而后装盆,一根根排列齐整,弄得像饭店一样。母亲说,现在烤菜也翻身了,好上桌头了,老早是最不值铜钿的菜了。母亲在厨房督导时还没有说尽的烤菜往事,还要继续,我们也跟着参与烤菜的记忆。

又要说到五十多年前了。现在叫作宁波烤菜,似乎很有地域文化的,类似于扬州干丝,当年就是烤菜,是宁波人家里再普通不过的家常菜，和红烧萝卜、烤大头菜地位相当。冬天霜降之后，青菜好吃了，又便宜，大概是一角买五斤吧，那就是吃烤菜的时节了。菜场回来，母亲手挽一个杭州篮，那是买菜专用的竹篮，篮头里尽是青菜。我都还有些许洗青菜的印象。菜太多了，是浸在大号的钢种面盆里的，冷水里一浸，手指冻得像胡萝卜一样。母亲常常还会留出一个菜心，菜头也不切掉了，拿一个碟子加点水，菜心就养起来，太阳底下，菜心还真会长。

至于下锅的流程，那一定是母亲亲力亲为。记忆中常常是在晚饭过后，那时候煤气灶空下来了，有足够的时间可以烤菜了。烤菜是最适合我们年少时大吞吐量的，还可以吃上两天，连烤菜露也一点不会剩下，清晨上学前吃泡饭，太烫了，盛得干一点，淘上烤菜露，既快速制冷，又使泡饭添了味道。

就是这么一个贫穷时期的贫穷菜，很家常，上台面是不可能的，尤其是过年的时候，一年的油水储备就靠一只鸡、一块肋条肉、一条冷气带鱼，谁还吃烤菜？家里过年的时候，会有烤麸，会有咸菜冬笋，算是有档次的，烤菜就靠边了。春节过后，矮脚菜落市了，烤菜也就不烤了。

再而后，生活条件好了，每家人家的年菜越来越高档，越来越讲究，越来越饭店化，即使很怀旧了，烤菜依旧未能再挤进家里年菜的菜单，连想也没有想过。大约烤菜不仅便宜，而且也没有什么美食的技术含量，总是上不了台面的。

直至几年前的过年，烤菜终于上台面了，还找到了上台面的理由：烤菜刮油水。尤其是春节的后几天早上，为了烤菜，就有了吃泡饭的冲动，依旧淘点烤菜露，话题也就自然露了出来。当然母亲还是会说,没有她老早烤得好。

  那一年,是 2015 年,过年依旧烤菜。母亲已经九旬有二,抱恙在身,再嫩的烤菜也吃不下了。我还是准备了烤菜,留出一个生菜心,立在小碟子里,加点水,放在母亲床边柜上。后来我把这篇文章一个字一个字地读给母亲听;母亲当会想起五十多年前挽着杭州篮,一篮头青菜,从小菜场拎到家里四层楼,拎也拎不动……

争气和争气的人

母亲从自己房间缓步走出来时,我看到母亲的神情,几乎是带着点孩童的得意而又掩饰不住。母亲说,本来要睡觉的,看到马龙张继科比赛,想看看落,没想到打到嘎(这么)晚。已经是夜里十一点了。对于一个九十岁的老人来说,还没有睡觉,还在看乒乓球比赛的直播,多少是有点与众不同。这才是母亲神情中孩童般的得意而又掩饰不住的原因。母亲平时睡觉并不晚,但是若有乒乓比赛、女排比赛,她喜欢看。只不过母亲也要表示出"歉意"——不是有意要看到这么晚,实在是看了一半心里放不下了。我心里自然明白,母亲就没有想过看一会就睡觉的。因为母亲如此的"歉意"神情,也不是一次两次了,只是我们从未阻止。

母亲喜欢看乒乓看排球比赛,严格地说是喜欢看有中国乒乓球队和中国女排的比赛。有时候比赛转播是在早晨,母亲则是另一种姿态。母亲年事已高,动作缓慢,而且母亲向来仔细考究,早晨从盥洗到早餐完毕,总是要有一个多小时,没有一道程序可以省略。但是只要早晨有乒乓比赛女排比赛,母亲的仔细考究和程序都大大缩水,早饭也顾不上在餐桌细嚼慢咽,只是叉了一个馒头,坐到了电视机前。

母亲叫得出乒乓球国手女排队员的名字,甚至还知道谁现在打得好了,谁退步了。这几乎是有专业度了,子女后代都未必说得清楚。很难说清楚母亲到底喜欢哪位名将,不过我知道母亲心里是有她的标准的,那就是"争气"。

"交关争气",常是母亲看完比赛后和我们"复盘"的核心内容。

"争气"又何尝不是母亲对自己和对子女的要求?直至母亲抱恙在床、思语皆废,我想到了母亲一生给予子女最大的影响,恰恰也是争气这两个字。在"文革"中,父亲蒙受迫害,母亲可以代替父亲去接受造反派的凌辱,可以变卖家具,可以去生产组结绒线衫养家糊口。我至今还能回想起,为代父亲受过,母亲每天拿着长柄扫帚平静地去弄堂扫地的淡定。这就是母亲的"争气"了。争气争的是高低,争的更是气节;既是在无望之时始终矢志不渝,也是在贫困时仍旧自然流露着高贵的气质,是在备受凌辱时仍旧保持清高的为人之道。多少年后,当我们在自己的领域取得成就之后,才发现,我们做人和做事的最核心动力,就是争气,母亲借此也总是会提及我们小时候如何争气,我们就是她带出来的运动员了。

母亲喜欢争气和争气的人,一直延续到了晚年,表现出来便是热爱生活。母亲每天要为自己配药,什么一天两次、一次两片等等,不愿意别人代劳,甚至相信自己超过相信别人。若有客人来,母亲必定是穿戴整齐;若是阖家外出,母亲都要精心梳妆,还要背一个小坤包,其实也没有什么要放在包里的,这就是母亲自年轻起的生活习惯。母亲的生活方式和态度,还有长寿——母亲是我们家族里迄今为止最长寿的,足以让我们"炫耀",也可以说是母亲的争气了。

在母亲九十岁那年,母亲的神情,被抓拍在一张照片里,直至两年后定格在遗像中。都说母亲这张照片拍得好,气质极佳,笑容更是灿烂,根本不似耄耋年纪。到底好在哪里?有人说,母亲有一种贵族气质,我并不以为然,因为母亲不是贵族。我看到的母亲几乎是带着点孩童的得意而又掩饰不住的神情,好像夜里11点钟,刚刚看好了一场乒乓或是女排的比赛直播,从自己房间里缓缓走出来。所以在含泪告别母亲时,我心里也是在用另一种形式送别母亲,那就是用掌声为母亲喝彩。

  里约奥运会时,自然想到了母亲。南美洲的时差,比赛在早上,对于母亲是利好,乒乓女排都很争气。母亲一定又要为看奥运省略自己的生活程序了。只是母亲没有等到。毕竟,每个人总会有一场来不及看的比赛,总会有一道来不及欣赏的风景。

母亲的谚语

懒人自家话，十月还有一个夏；好做酒，坏做醋；一九二九，泄水不流……

很奇怪，在母亲走了半年多后，儿时的宁波话谚语在夜间睡下后就冒了出来。与其说是儿时的回忆，不如说又回到了和母亲六十年来共同生活时候很俗常的场景。比如，往昔每年到了八月中秋时节，就要把席子啊竹帘啊洗洗收收了，但是常常会拖沓，还会找个理由，说不定还会热呢。母亲一笑，搬出了这一句——懒人自家话，十月还有一个夏。面对自己年纪大了身体渐渐羸弱，母亲会很主动去看医生，不过也总是这么自嘲：好做酒，坏做醋。这句谚语的意思是，粮食酿酒，酿好了是酒，酿坏了就变成了醋。用来比作自己吃药，真是很鲜活的，尤其是略带些宁波口音而且是带着笑声的感觉。我记住的谚语，恐怕会比别人多，不在于我记性特别好，而在于毕竟六十年了，像一个学生每天都在复习，记住的已经不是谚语，而是我和母亲之间的生活场景，琐碎，重复，温馨。

母亲一生中与之共同生活在一起最长久的人，是我，整整六十年。父亲去世很多年了。兄弟姐妹中我虽然没排名最末，唯有我，从出生到读书到工作到结婚一直到共同迁居，从来没有和母亲分离过。六十年前，母亲把我从产院抱到了家里，人世间有时候真会有一种无法复制的机缘巧合，六十年后的一个夜里，母亲摔跤了，恰是我把母亲从地板上抱到了床上，叫了救护车，把母亲从家里送到了医院。

　　大约，天底下所有的母子感情都是美好而雷同，我想我也是，失去母亲的痛苦也皆然，但是六十年不曾分离的时间长度，已经超乎单纯的感情，已经成了生活本身。失去母亲，于别人，是丧母，于我，还丧失了生活的很大一部分。这很大一部分的生活，是六十年的每一天积攒起来的，很细小，很俗常，也很凝固；如今像一条离岸而去的船，分明还很近，还看得见，还听得到船上的声息，却碰不着船舷了。远非是失亲思念那么简单，甚至其中还夹杂了我的"私念"——我的写作灵感和素材。

　　十几年前，我不经意间写了一本《上海女人》，反响之热烈超出我的预估。很多人分析因为我是生在淮海路住在淮海路，才把上海女人写得这么贴合，我未加否认。后来某次朋友间喝酒，有朋友再次强化我与淮海路的情结。朋友是好意，我不领情了。喝了酒，口气也大了。我说，淮海路确实很重要，但是住在淮海路的人多了，也不乏写文章的，为什么别人就没有写出《上海女人》呢？朋友问还有什么更重要的原因。也因为是喝了酒，我才会深入内心地回答，是因为我的母亲，书中有她的影子。对上海女人"适宜"两个字的评价，就是来自我母亲。比如写到在淮海路大方布店母亲和营业员切磋零头布大小，是我儿时亲眼所见，比如母亲夏日在阳台上听评弹，也是在我视线和听觉之内。母亲的生活态度和待人接物，才是我的"上海女人"的底本。

　　书出版后，我送给了母亲一本，我也没有说母亲之于我这本书的重要性，好像说不出口的。母亲自然很开心，也没有过多的话语。我倒是没想要母亲看我的书的，母亲已经八十多岁了，看报纸都觉得吃力,要把一本近二十万字的书看一遍,难为母亲了。或许,毕竟是儿子的书,还反响很好,母亲开始看了,戴老花眼镜已经无济于事,母亲是手持放大镜一行一行看的。有时候我下午回家早,天未暗,母亲正坐在沙发上,弓了背,凑在茶几前,拿着放大镜,一行一行地"扫读"。我都想不起来这样的场景有多少日子。

在终于看完的那一天晚上吃饭时,母亲轻松地叹了口气:总算看好了,交关吃力,眼睛吃力,手吃力,背也吃力。我没有跟母亲说书中很多细节有母亲的影子;母亲也没有当面夸奖,只是说了句,嘎(这么)厚一本书,全是开夜车开出来的,不要太吃力了。好像就是一件很小的事情就这么过去了。我承袭了母亲的性格,都不喜欢很外在地表达好感,心里却是明白的。

后来我是在我表姐那里知道了母亲对我这本书的喜欢。表姐她们十来个人来看望母亲,母亲指着客厅书柜上一排《上海女人》说,这本书我可以做主的,你们喜欢每人拿一本去好了。表姐告诉我,母亲说这话的时候,神情很是自在。

一年一年过去,一本书又一本书出版,母亲都高兴,但是没有再用放大镜看过。当我2015年出版《卷手语》时,母亲已经病倒在床。我特意在书的最后一页写了一句"卷后语":今年正值母亲九二华诞,谨以此书献给亲爱的母亲。这一页我还用了一张母亲九十岁寿宴时的照片。我将新书带到了病房,让母亲看看书中的照片。经过严重脑梗,母亲眼睛睁得很大,也看了,我却不知道母亲是否看到了她自己。

我静坐在病榻一侧,长久地握着母亲的手。在母亲健康时,我会出门扶她一把,但是从儿时挣脱了母亲的手之后,再也没有正式地握过母亲的手。

我想到了母亲用放大镜看《上海女人》的场景,又想到了母亲传授给我的那些谚语——母亲称之为老古话。好做酒,坏做醋;懒人自家话,十月还有一个夏;还有冬至起九谚语……我试着用宁波话来默读,读着读着,从小到大家里的往事也就一件一件在我和母亲的手掌间摩挲。

在母亲走了大半年之后,母亲教我的谚语就这样冒了出来。夜间心中默读时,便像是和母亲在说话。只是那一首冬至起九的谚语,幼时母亲一句我一句背下去的,烂熟于心,突然五九轧牢了:一九二九,泄水不流;三九四九,槁(绞)开捣白;五九四十五,五九四十五,是什么?问母亲,母亲带着谚语走了。从此,冬至起九的谚语,我再也背不全了。

我的站台

从火车有了空调，尤其是动车高铁成了火车主流之后，火车站台就没有了什么特别的意味，与飞机轮船的送行也不再有很大的区别。

一定要返回到绿皮火车时代。

火车的车窗是可以打开的，向上提，车上的人便可以伸出手来，与送行者话别，那才是完美的送行。火车车轮即将滚动，远行的人在车上，送行的人在站台，在火车车窗内外依依惜别。这么一种送别的意境，是飞机和轮船不曾有过的。飞机的送行再不舍，到了安检口也分手了，现代化的轮船也差不多。唯有火车，发车铃响，手还牵着，火车慢慢启动，送行的人还可以跟随着小跑十来步，扬手挥别，直至火车消失在视线里。人性的美好和柔软，在这十来步的小跑扬手中，弥散到了整个站台。

也许别人也是如此的小跑扬手送别，但是没有一个人的心境与他人是完全吻合的。待到火车远去，站台送行人稀疏，仿佛这一个站台就属于这几个稀疏的人影，甚至只属于我一个人。和我有同样心境的人已经随着火车远去，于是，我的心境唯有站台在默默记下。如果鼻腔内还有一声轻轻的抽动，几百米长的站台都能听到。这是我的站台。

有这么一种意境的时候，火车站台还不叫站台，叫作月台。当然这是中国化的称谓。月台原指露天平台，在古代，是人们赏月的主要场所。将站台称作月台，是将送行和被送行的人美化为欣赏与被欣赏的人，其实，火车上的远行者和月台上的送行者，何尝又不是互为欣赏者呢？

人的一生也会经历过无数次的送行与被送行。可能是在月台上，更多是在一生的变化中。如果一个人的出生是火车到达第一个站台，那么终有一天，这一个人也将随着生命的火车远去。其中所经历过的风景，喜怒哀乐，抑扬顿挫，或是在车上，或是在站台上。会有掠过小站站台的得意，会有无望下一班火车的沮丧，会有火车上孤行的寂寥，会有站台上离散的失落，会有送行那一刻的"执手相看泪眼，竟无语凝噎"。

最壮观也是最凄美的送行大约是"文革"时期上山下乡的站台送行了。上海有110万知青去了农村，揪住的几乎是所有人家的心。十六七岁的孩子就这么出远门了，却不知道回家在何时；上了火车的孩子还沉浸在虚幻的梦想中，立在站台上的父母却因对孩子的前途茫然而啜泣。火车开车前两分钟警铃拉响，站台一片哭声，像是要淹没警铃……好在将近十年之后，父母又去了站台，是迎接孩子回家。

有一种送别是再也没有迎回的机会。有一位先生静坐在病榻一侧，握着老母亲的手，感受着母亲孱弱的心跳，同时也想着将自己的生命能量传递给母亲，甚至让自己的眼前浮现出过往的情景，天真地试着是否可以通过母子相贴的掌心，传输到母亲遥远的记忆里。忽而，他觉得这一张病床，像是火车一般。很久很久以前，母亲带领他踏上了生命的旅途，是从产院病床上开始的，而后，领略过一站又一站的沿途风雨……此时，母亲在火车上，自己在站台上。拉着母亲的手，因为火车发车的时间一分一秒地在逼近。母亲的这一班列车，就要开了。站台留不住母亲，只留下自己。

以上这一段站台离别，恰是我在黯然神伤，当时母亲重病卧床，我完全知晓与母亲分别在即，却又无能为力。因为是写在杂志上的"卷首语"，我不想写得过于直白，不想流露更多的个人化心绪。在捕捉到火车站台送别的灵感时，我以写意的方式写自己心情，反而较好地控制了自己感情的释放，直至我在站台无奈地松开了和母亲紧紧相握的手，直至目送母亲远去。

亲人离世，终究是悲凄，当然心痛。旁人大约都会劝说当事人，尽快走出失去至亲的阴影，也可谓是对往生者最好的纪念。这种劝慰没错，但是很有可能忽略了被劝慰的那个人，是置身于悲凄中还是沉浸在凄美里。置身悲凄中的人是应该走出悲凄，而沉浸在凄美中的人，如果就此走出，挥别了凄，也遗落了美。走不出失亲的阴影，固然身心俱疲，但是失亲的感情恰也是非常之宝贵，失亲的感情，既是痛苦，又何尝不是在"享受"着这种痛苦？你可以将压在心底的话说出来，你可以将堵在泪腺里的泪流出来，你可以滂沱大雨般流泻自己与至亲很漫长的一个一个细节。这凄美的气氛，给予失亲者带来了最大的好处是——因为我会想起你。

悲欢离合皆是人生必不可少的经历。偶尔会看到些许人刚刚还为失亲号啕大哭，一转身就嘻嘻哈哈打情骂俏，感情的含氧量也太稀薄了。撇开道德亲情，他们至少不懂得，笑是人的享受，哭也是。悲剧会让人流泪，悲剧是最高境界的戏剧。

沉浸于失亲的痛苦，也是一种美，而美就是享受。因为是有送行的远行，而不是孤寂地离开。每一个人终将有如此的远行，却不是每个人都会享受到送行。并且，在生活中，我们时常交替扮演着远行者和送行者的角色，我们不断地在告别，我们也不断地在送别。

终将有一天，再凄美的气氛也会不由自主地淡化，美还留着，凄却是像朝露一样，在不经意间挥发了。有时候，还是会想到逝去的至亲，回忆起至亲的点点滴滴，感情还在。眼泪可能流出来了，也可能内敛着。如果失去至亲的那一刻是凄美，那么至亲的所有一切，远去的是凄，其余都化为了美好的记忆。以至于再哼唱起"因为我会想起你"的时候，已经是含笑了。

那时候的感情，犹如春光明媚的《沃尔塔瓦河》，不再汹涌，只是舒缓地流淌，能够听得到小船划过河水的"哗嚓哗嚓"声响。也如同古镇的小桥流水木船，曾经有过美好的记忆定格在照片里，而后经历过失亲之痛、经历过凄美，才会将这阳光、河水、小船组合成那一句歌词——因为我会想起你。

2010年，我陪母亲游枫泾，时年母亲八十有六，思行俱佳。这不是我和母亲最后一次出游，却是最有意韵的合影。

图书在版编目(CIP)数据

上海路数 / 马尚龙著.——上海：文汇出版社，2019.3
ISBN 978-7-5496-2804-9

Ⅰ.①上… Ⅱ.①马… Ⅲ.①随笔－作品集－中国－当代
Ⅳ.① I267.1

中国版本图书馆 CIP 数据核字（2019）第 031471 号

上海路数

著　　者　马尚龙
策　　划　朱耀华
责任编辑　徐曙蕾
特约编辑　甫跃辉
装帧设计　张志全
封面篆刻　吴友琳

出版发行　**文匯**出版社
　　　　　上海市威海路755号
　　　　　（邮政编码200041）

照　　排　南京理工出版信息技术有限公司
印刷装订　上海颛辉印刷厂有限公司
版　　次　2019年3月第1版
印　　次　2023年4月第3次印刷
开　　本　890×1240　1/32
字　　数　190千
印　　张　9
印　　数　9001-11000

ISBN 978-7-5496-2804-9
定　　价　48.00元

上架建议：随　笔

定价：48.00元